城市轨道交通职业教育系列教材 ——城市轨道交通运营管理

城市轨道交通安全管理（第3版）

主编 ○ 连义平
主审 ○ 韩买良

西南交通大学出版社
·成 都·

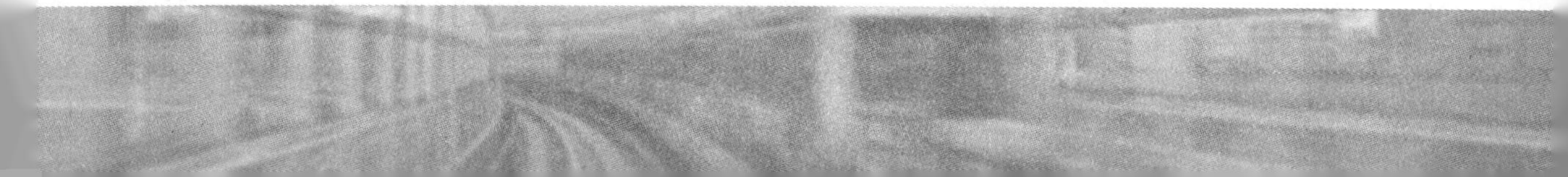

内容简介

本书共分 6 章，内容包括：城市轨道交通安全管理基本知识；城市轨道交通安全保障体系；城市轨道交通事故的处理；城市轨道交通行车事故的预防；城市轨道交通人身伤亡事故的预防；安全分析与评价。通过本课程的学习，可以使读者全面了解城市轨道交通安全管理的基本知识，初步掌握城市轨道交通事故处理、事故预防的程序及方法。

本书是高等职业技术教育城市轨道交通运营管理专业教学用书，也可以作为城市轨道交通其他相关专业以及城市轨道交通企业管理人员及职工培训参考用书。

图书在版编目（CIP）数据

城市轨道交通安全管理 / 连义平主编. —3 版. —成都：西南交通大学出版社，2022.4
ISBN 978-7-5643-8496-8

Ⅰ. ①城… Ⅱ. ①连… Ⅲ. ①城市铁路－交通运输安全－交通运输管理－高等职业教育－教材 Ⅳ. ①U239.5

中国版本图书馆 CIP 数据核字（2021）第 267613 号

Chengshi Guidao Jiaotong Anquan Guanli

城市轨道交通安全管理

（第 3 版）

主编　连义平

责任编辑	王　旻
特邀编辑	王玉珂
封面设计	何东琳设计工作室
出版发行	西南交通大学出版社 （四川省成都市金牛区二环路北一段 111 号 西南交通大学创新大厦 21 楼）
发行部电话	028-87600564　028-87600533
邮政编码	610031
网址	http://www.xnjdcbs.com
印刷	四川森林印务有限责任公司
成品尺寸	185 mm × 260 mm
印张	11.5
字数	267 千
版次	2011 年 1 月第 1 版　2015 年 2 月第 2 版　2022 年 4 月第 3 版
印次	2022 年 4 月第 9 次
书号	ISBN 978-7-5643-8496-8
定价	36.00 元

课件咨询电话：028-87600533
图书如有印装质量问题　本社负责退换

第 3 版前言

近几年，城市轨道交通发展迅猛。到目前为止，已有 48 个城市开通运营城市轨道交通线路 245 条，运营里程 7 957 km，另有 10 余座城市正在建设城市轨道交通。

本书主编连义平老师根据第 2 版教材使用后教师和学生反馈的意见，结合城市轨道交通的发展，在第 2 版的基础上对教材进行了进一步修订。

第 3 版教材仍保留了第 1 版、第 2 版教材的基本结构，对原教材中的部分内容进行了适当的调整和增删，增加了近些年来国内部分城市轨道交通所发生的一些案例并加以分析，使教材的逻辑性更加符合教学规律，内容更加贴合现场实际。

随着国家对于城市轨道交通建设提出的新要求，城市轨道交通运营企业面临着设备的不断更新、管理理念的不断进步等许多新的挑战，对于安全管理也会提升到一个新的高度。尽管教材的编写者为此做出了不懈的努力，但由于作者的水平有限，教材的编写仍存在着许多不足之处，恳请各位老师和广大读者批评指正，以不断完善本教材的结构与内容，满足为城市轨道交通运营企业培养合格人才之需要。

编　者

2021 年 11 月

第 2 版前言

根据第 1 版教材使用后教师和学生反馈的意见，结合城市轨道交通的发展，作者在第 1 版的基础上对教材进行了进一步修订。第 2 版教材仍保留了第 1 版教材的基本结构，对原教材中的部分内容进行了适当的调整和增删，增加了近几年来国内部分城市轨道交通所发生的一些案例并加以分析，使教材的逻辑性更加符合教学规律，内容更加新颖。

城市轨道交通安全管理问题是一个不断发展的课题，随着城市轨道交通的不断发展、设备的不断更新、管理理念的不断进步，安全管理也会面临着许多新的问题。尽管教材的编写者为此做出了不懈的努力，但由于作者的水平有限，所掌握的资料有一定的局限性，教材的编写仍存在着许多不足之处，恳请各位老师和广大读者不吝赐教，使本教材趋于完善，以适应城市轨道交通安全管理的需要。

编　者

2015 年 1 月

前　言

20 世纪 90 年代以来，我国城市轨道交通迎来了建设的高潮。到目前为止，已有 10 余座城市的城市轨道交通投入运营，另有 20 余座城市已获批准或正在建设城市轨道交通。城市轨道交通对于改善出行条件、解决城市交通拥挤、减少环境污染、节约土地资源、推动城市经济发展等发挥着越来越大的作用。

然而，城市轨道交通在给人们提供方便、快捷、舒适、环保服务的同时，由于本身的特点，也越来越多地面临着日益严重的安全问题。行车事故、设备事故、人身伤害无时无处都在困扰着我们。所以，城市轨道交通运营必须把安全管理放在首要位置。

本书力求系统、全面地阐述城市轨道交通安全管理的基本知识，尽可能适应我国各地城市轨道交通安全管理的实际需要。但由于不同城市的轨道交通所面临的安全问题有所不同，在实际教学中，可根据具体情况予以选用，适当补充。

本书由西安铁路职业技术学院连义平主编，西安铁路职业技术学院韩买良主审。编写分工如下：第一章由湖南铁路科技职业技术学院王艳艳编写，第二章由西安铁路职业技术学院刘奇编写．第三章由广州地铁运营事业总部张立进、陈雄文编写，第四章、第五章由西安铁路职业技术学院连义平编写，第六章由西安铁路职业技术学院滕勇编写，全书由连义平统稿。

本书在编写过程中，参考了广州地铁、上海地铁、南京地铁、长春轻轨等单位大量安全管理方面资料和事故处理实际案例，得到了西安铁路职业技术学院和兄弟院校领导和老师的热情帮助。特别需要提出的是，西安铁路职业技术学院资深高级讲师郑松富老师对本书的编写多次提出了宝贵的指导及修改建议。在此向所有关心并给予大力支持的单位和同志表示衷心的感谢。

由于我国城市轨道交通所采用的设备、管理模式有所不同，且行业缺乏统一的标准，加之编者水平有限，教材中难免有不少疏漏、不妥之处，恳请各位老师和广大读者批评指正，不断提高本教材水平，为我国城市轨道交通发展贡献微薄之力。

编　者

2010 年 11 月

出版说明

城市轨道交通凭借快捷、准时、舒适、运量大、能耗低、污染小、占地少等优点，日益成为城市现代化建设进程中重要的公益性基础设施项目。城市轨道交通涉及面广、综合性很强，其发展状况已被当成一个城市综合实力和现代化程度的重要评判指标。由此，城市轨道交通建设正在我国兴起一个新的浪潮，社会对城市轨道交通专业人才的需求巨大，给城市轨道交通类专业的职业教育发展带来了良好契机。

西南交通大学出版社与国内诸多交通院校一直保持友好往来，并整合它们在轨道交通领域的尖端科技优势和人才集成优势，致力于为国家轨道交通教育事业做出贡献，形成了以“轨道交通”为核心的出版特色，在教育界、学界都拥有良好的口碑和较高的品牌知名度。

本套丛书从满足快速增长的城市轨道交通专业实用型人才培养需求出发，从校企结合教学直接面向岗位需求这一特点出发，精心组织国内相关专业优秀教育工作者或优秀教育工作高校，分“运营管理”“工程技术”“车辆”“控制”“供电技术”五大类系统地为读者呈现城市轨道交通教育课程全景。在编写时，力求体现如下特点：

◎ **适用性**

理论知识够用即可，在讲述专业知识的基础上，突出实际操作技能的训练，注重岗位关键能力的培养。

◎ **专业性**

图书的顶层设计从国家高职高专专业目录规范出发，内容编排紧密结合岗位应用实际，体现专业性和主流设备前沿特征，体现教学实际需求。同时，在编写或修改时，尽可能地让一线用人单位参与进来，根据生产现场实际提出建议。

◎ **生动性**

在架构设计和版式设计上，力求简洁生动，图文并茂；努力体现二维码技术等移动互联网时代元素在图书中的应用，尽可能把生产实际和研究成果，用立体生动的形式予以表达，便于读者理解掌握。

这套书可作为高等职业院校、中等职业学校城市轨道交通相关专业的教学用书，也可作为城市轨道交通企业新职工的培训教材。有关教材的课件资料等，可以联系我社使用。

联系电话：028-87600533

邮箱：swjtucbsfx@163.com

西南交通大学出版社

目　录

第一章

城市轨道交通安全管理基本知识

【学习目标】

通过本章学习，能够理解城市轨道交通安全管理的必要性、特殊性和重要性，掌握安全生产的“五要素”；熟悉城市轨道交通企业安全管理的基本方法并能灵活运用城市轨道交通安全管理的原则和安全管理的手段于实践中。

第一节　城市轨道交通安全管理的意义

“安全第一，预防为主”是我国城市轨道交通系统运营安全管理方针。“安全第一”就是要求城市轨道交通企业在组织生产、指挥生产时，坚持把安全生产作为企业生存与发展的第一要素和保证条件。“预防为主”就是要求城市轨道交通企业以主动积极的态度，从技术措施和组织管理上，增强安全保障系统的整体功能，把事故遏制在萌芽状态，做到防患于未然。

一、城市轨道交通安全管理的必要性

随着我国经济的快速发展，城市轨道交通建设也进入了快速发展的阶段。我国政府高度重视公共交通体系，尤其是城市轨道交通的发展，明确提出要逐步构建以城市轨道交通为骨干的城市公共综合交通体系，建立安全便捷、可持续发展的城市轨道交通模式，解决大城市空气污染、交通拥堵问题，更好地服务于公众。目前我国已有 48 个城市的轨道交通已投入运营或试运营，另有 10 余个城市正在建设或规划建设地铁等轨道交通项目。

随着城市轨道交通运营规模的快速增长、客运量不断攀升，乘客的服务需求和期望越来越高，而城市轨道交通运营中发生的各类事故也越来越多，城市轨道交通的安全保障难度越来越大。2009 年 12 月 22 日 5 时 50 分，上海地铁 1 号线突发接触网跳闸故障，造成该区段列车停驶。在运营调整恢复中，又发生两车擦碰事故，造成部分区段列车停运。2009 年 12 月 27 日、28 日长春轻轨连续发生两起运营事故：27 日中午 11 时 31 分，两辆轻轨车

发生追尾，造成46人受伤，其中两人伤势较重，经过安监等相关部门调查，事故原因为一辆轻轨救援车刹车失灵，撞上正在停车上下客的另一辆轻轨车；28日16时20分许，长春市位于临河街与卫星路交汇处的轻轨二期工程施工现场发生火灾，幸未造成人员伤亡，直到18时，大火才基本被扑灭。2014年7月23日6时48分、7时18分，北京地铁2号线先后发生一乘客昏倒掉下站台，以及一乘客跳下站台事件。

长期以来，轨道交通运营安全问题一直受到各级政府和广大人民群众的高度重视和密切关注，运营安全管理工作越来越被广大轨道运营单位所重视，它是轨道交通运营管理的重中之重。所以，城市轨道交通运营必须把安全管理放在首要位置。

1. 城市轨道交通企业需要安全管理

城市轨道交通系统是一个独立的、封闭的系统，有自己的信号控制、运营指挥系统，比其他的公共交通工具相对安全。但是由于轨道交通运量大，设施设备的科技含量较高，一旦发生事故就会造成比较严重的后果。所以，安全管理对于轨道交通的发展具有不可忽视的影响。

城市轨道交通作为一个特殊服务性行业，在生产过程中除了职工人身安全，还包括乘客的人身安全，以及各种设备设施的运行安全，同时存在着许多不可预测的安全隐患，可以说安全责任重于泰山。

城市轨道交通的公益性决定了安全运输乘客才是最大的利益。从这个意义上讲，安全就是财富、就是资源、就是生产力，当安全与运营发生矛盾时，应服从于安全；当安全与日常管理工作发生矛盾时，应服从于安全；当安全与个人利益发生矛盾时，更应服从于安全。

2. 城市轨道交通企业必须实行安全管理

以严格明确的责任制为保证，建立完善的安全保障体系；提高、增强全员安全意识是前提，强化安全知识学习，注重安全教育，形成“人人讲安全，上下抓安全，大家为安全”的良好氛围。让每个干部职工自觉遵守安全规定、不能违反安全规定、不敢违反安全规定。通过各种宣传方式提高思想认识，加强安全知识教育，增强安全意识，使每个乘客认识安全的重要性，增强防范意识和自我约束能力，自觉遵守安全规定，有效避免事故的发生。

二、城市轨道交通安全管理的特殊性

由于城市轨道交通本身的特点，其运营安全除了具有其他部门安全问题的普遍性外，还有其明显的特殊性，主要表现在以下几个方面：

1. 行车安全影响面广

城市轨道交通在城市公共交通中的比重越来越大，已成为广大人民群众工作、学习、生活中必不可少的组成部分。城市轨道交通系统一旦发生运营事故，就会影响整个线路乃至整个线网，导致运营中断，给整个城市的地面交通造成巨大的压力，直接影响社会生产、生活及社会安定。

2. 行车安全涉及的工序和人员多

城市轨道交通是由线路、车站、车辆三大基础设备以及电气、运行和信号控制等系统组成的一架庞大的联动机，一年四季不停地运行，每一次运输工作都需要许多部门、许多工序互相配合才能完成。每个工作环节必须紧密联系、协同动作，才能确保安全运输。任何一个部门、一个环节出了问题都会影响行车安全。

城市轨道交通的运营生产要经过复杂的生产过程，由许多有关工种的广大职工参与、共同劳动才能实现。安全生产贯穿运营生产的始终，牵扯着生产环节中的每一道工序、每一个人。在生产过程中，各个工作环节都必须严格遵章守纪，才能确保运营安全。只要某一个工种、某一个职工违章作业，就将造成行车事故或人身伤亡事故。

3. 行车安全受自然和社会环境影响大

城市轨道交通运营的安全生产受到外界自然环境变化的影响，如天阴、下雨、刮风、下雪、下雾等，都会影响乘务人员瞭望信号和观察线路情况，稍有不慎就可导致事故发生；北方的严寒冬季，南方沿海的强台风，可能造成运输设备损坏，影响安全生产；强烈雷电可能毁坏或干扰通信、信号设备的正常运转，影响到行车安全；地铁线路、车站多在地下隧道内，一旦发生火灾、爆炸等事故，疏散乘客、扑灭火灾、排除有害气体十分困难。

另外，城市轨道交通的运营安全工作受社会大环境的影响大。社会治安秩序的好坏、沿线人民群众对城市轨道交通安全知识的了解程度等直接影响着城市轨道交通的运营安全。

4. 运营安全风险大

城市轨道交通设备先进、结构复杂，行车密度大、客流量大，在运营中不可预知的因素很多，行车安全的风险大。

三、城市轨道交通安全管理的重要性

搞好城市轨道交通安全管理，对于维护城市轨道交通有秩序运行、保证乘客安全、提高运营效率有着十分重要的意义。

（1）城市轨道交通安全管理直接关系乘客安全。它满足于乘客的出行需求，又是城市拥有良好交通秩序的前提和保障。

（2）城市轨道交通安全管理符合城市公共交通可持续发展的要求。过去，由于行车人员工作失职、设备故障、乘客安全意识不强等原因曾造成过严重的城市轨道交通事故。因此，必须从长远利益出发，实施安全管理条例，加强乘客安全知识教育，增强责任意识等，以保障我国城市公共交通的可持续发展。

（3）城市轨道交通安全管理是提高效益的有效途径。一是无污染、噪声小，符合社会环保要求；二是安全性好、便捷，符合出行者的需求。

（4）城市轨道交通安全管理有益于新技术在交通运输生产中的应用。把质量标准化、管理精细化、安全信息化、装备机械化作为保障安全、发展生产、强化管理的重要举措，实现了以安全为轴心、以生产为中心、以管理为重心、以效益为核心的经营方略，促进了安全生产、经济效益和企业管理的同步提高。

第二节 安全生产的“五要素”

一、安全的定义

安全是指在生产活动过程中，能将人或物的损失控制在可接受水平的状态。换言之，安全意味着人或物遭受损失的可能性是可以接受的，若这种可能性超过了可接受的水平，即为不安全。该定义具有下述含义：

（1）这里所讨论的安全是指生产领域中的安全问题，即不涉及军事或社会意义的安全与保安，也不涉及与疾病有关的安全。

（2）安全不是瞬间的结果，而是对于某种过程状态的描述。

（3）安全是相对的，绝对安全是不存在的。

（4）构成安全问题的矛盾双方是安全与危险，而非安全与事故。因此，衡量一个生产系统是否安全，不应仅仅依靠事故指标。

（5）不同的时代、不同的生产领域，可接受的损失水平是不同的，因而衡量系统是否安全的标准也是不同的。

二、安全生产的定义

安全生产是指在生产过程中消除或控制危险及有害因素，保障人身安全健康、设备完好无损及生产顺利进行。在安全生产中，消除危害人身安全和健康的因素，保障员工安全、健康、舒适的工作，称之为人身安全；消除损坏设备、产品等的危险因素，保证生产正常进行，称之为设备安全。

总之，安全生产就是使生产过程在符合安全要求的物质条件和工作秩序下进行，以防止人身伤亡和设备事故及各种危险的发生，从而保障劳动者的安全和健康，以促进劳动生产率的提高。安全生产是从企业的角度出发，强调在发展生产的同时，必须保证企业员工的安全、健康和企业财产不受损失。

三、安全生产的“五要素”

安全生产是一个系统工程，要将安全寓于生产、管理和科技进步之中，要注意克服体制机制的弊端，注重源头治理，实现本质安全。在城市轨道交通运营中，应促进安全生产“五要素”的落实。

所谓“五要素”，即安全文化、安全法制、安全责任、安全科技及安全投入。安全生产“五要素”既相对独立，又是一个有机的整体，相辅相成甚至互为条件，既有宏观战略的高度，也有微观战术的深度。可以说，抓住了“五要素”，就基本上抓住了安全生产工作的要害和重点。

1. 安全文化

安全文化是安全生产的根本。安全文化的最基本内涵就是人的安全意识，即加强安全文化建设，强化全民安全意识，提高全民安全素质。要把安全意识提到全社会的层面上来，使安全宣传教育深入人心，保证公民人人具有自我保护意识，真正做到警钟长鸣，居安思危，言危思进，常抓不懈。

（1）企业安全文化建设，要紧紧围绕“以人为本”这个中心，以“安全理念渗透和安全行为养成”为目标，内化思想，外化行为，不断提高广大员工的安全意识和安全责任，把安全第一变为每个员工的自觉行为。安全理念决定安全意识，安全意识决定安全行为。

（2）切实落实“安全第一，预防为主”的安全生产方针。要确立具有自己行业特色的安全生产管理原则，落实各种事故防范预案。要加强职工安全培训，确立安全生产理念。在班组园地和各科室张贴安全职责、操作规程，还可在班组安全学习会上不断向员工灌输安全知识，真正把安全文化渗透到每个职工心里。

2. 安全法制

安全法制是保障安全生产的最有力武器。建立和完善安全生产法规体系是安全生产的制度保障，是生产管理和技术在安全保障上应用的制度化和标准化。从全局的角度来看，应以安全生产法作为核心，与相配套的法规、规章、制度共同形成全社会的安全法律体系；从生产经营单位来看，安全生产法规的落实和安全生产标准的规范执行，是生产经营的最基本的要求和前提条件。

（1）广为宣传以《安全生产法》为代表的关于安全生产的各种法律法规，使安全的法治精神深入人心。

（2）结合实际建立和完善安全生产的规章制度，要将那些被实践证明切实可行的措施和办法上升为规章制度，真正做到有章可循、有章必循、违章必究，体现安全监管的严肃性和权威性，使“安全第一”的思想观念真正落实到日常运输生产。

3. 安全责任

安全责任是安全生产的灵魂，是安全生产法规的具体体现。安全责任制的实质是“安全生产，人人有责”。建立健全安全生产责任体系不仅要强化问责制的行政责任追究制度，还要依法追究安全事故罪的刑事责任，并随着市场经济体制的完善，强化和提高民事责任或经济责任的追究力度。

（1）政府主管部门是安全生产的监督管理主体，要切实落实地方政府监管责任，科学界定国家安全生产监督管理总局的综合监管职能，建立严格而科学合理的安全生产问责制，严格执行安全生产责任追究制度，深刻吸取事故教训。

（2）企业第一责任人要切实负起职责，制订和完善企业安全生产方针和制度，层层落实安全生产责任制，完善企业规章制度，治理安全生产重大隐患。

（3）必须层级落实安全责任，逐级签订安全生产责任书。生产责任书要有具体的责任、考核和奖罚办法。对完成责任书各项考核指标、考核内容的单位和个人应给予精神奖励和物质奖励；对没有完成考核指标或考核内容的单位和个人给予处罚。

4. 安全科技

安全科技又叫作科学安全文化，它影响着安全文化的品质和功能，是实现安全生产的手段。安全是企业管理、科技进步的综合反映，安全需要科技的支撑，实现“科技兴安”。

安全科技是事故预防的重要力量。只有充分依靠安全科学技术的手段，生产过程的安全才有根本的保障。

城市轨道交通企业要采用先进设施设备，并组织研究开发安全生产技术，从而要提高安全管理水平。在日常运输生产中，为提高运输效率和运输服务质量，必须加大安全科技投入，运用先进的科技手段来监控安全生产全过程。如安装闭路电视监控系统、先进列控系统、自动售票机、检票机和行车记录仪等，把现代化、自动化、信息化全部应用到安全生产管理中。

5. 安全投入

安全投入是安全生产的基本保障。安全是生产力，安全需要成本，安全的成本也是效益。安全生产的实现要靠投入的保障作为基础。提高安全生产的能力需要为安全付出成本。设备老化、安全设施缺失、安全人才的匮乏是安全的心腹之患，隐患不除，永无宁日。要建立企业、地方、国家多渠道的安全投入机制，加快技术改造，消除安全隐患。

安全投入包括两个方面：一是资金投入，二是人才投入。

（1）要按规定从成本中列支安全生产专项资金，用于改善安全设施，更新安全技术装备、器材、仪器、仪表，以及其他安全生产投入，以保证生产经营单位达到法律、法规、标准规定的安全生产条件，实现最关键的本质安全。本质安全是指在设备、设施和安全生产过程中，能够从根本上防止发生事故的功能。

（2）城市轨道企业一方面通过招聘安全管理和城市轨道专业人才，提高公司安全管理队伍的素质以及技术水平，为实现公司安全和谐发展打下坚实的基础。另一方面，企业应创造机会让安全工作人员参加专业培训，组织安排他们到安全工作搞得好的单位参观、学习、吸取经验。

第三节　城市轨道交通安全管理的基本思路

要想保证城市轨道交通能够安全、高效地运行，首先应该从管理层面上树立现代管理的意识，确定先进的安全管理原则，建立现代企业管理制度。

一、实行全面质量管理，推行 ISO9000 体系

（一）实行全面质量管理（TQC）

1. TQC 的定义

全面质量管理（Total Quality Control，TQC）是以组织全员参与为基础的质量管理形式。全面质量管理代表了质量管理发展的最新阶段，起源于美国，后来在其他一些工业发达国家开始推行，并且在实践运用中各有所长。特别是日本，在 20 世纪 60 年代以后推行全面质量管理并取得了丰硕的成果，引起世界各国的瞩目。

TQC 是指在全社会的推动下，企业中所有部门、所有组织、所有人员都以产品质量为核心，把专业技术、管理技术、数理统计技术集合在一起，建立起一套科学严密高效的质量保证体系，控制生产过程中影响质量的因素，以优质的工作和最经济的办法提供满足用户需要的产品的全部活动。

2. 全面质量管理的基本理论

全面质量管理理论指出，质量管理的过程是 PDCA 循环的过程，这个循环过程被叫作“戴明循环”，简称“戴明环”：P——策划，为提供结果建立必要的目标和过程；D——实施，实施过程；C——检查，根据方针、目标和产品要求，对过程和产品进行监视和测量，并报告结果；A——处置，采取措施，用以持续改进过程业绩。PDCA 循环具有 3 个特点：

（1）PDCA 循环好比一个按顺时针方向转动的车轮，不断旋转，循环不已，如图 1.1 所示。

（2）PDCA 循环是综合性的循环，在企业总体的 PDCA 循环指导下，各级、各部门、团队和个人，以及生产的各个环节，都有各自的 PDCA 循环。大环套小环，一环套一环，互为依存，相互补充，形成一个有机整体，如图 1.2 所示。

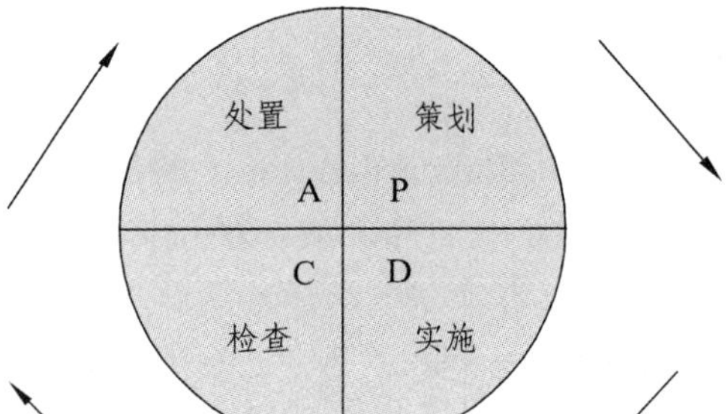

图 1.1　PDCA 循环图

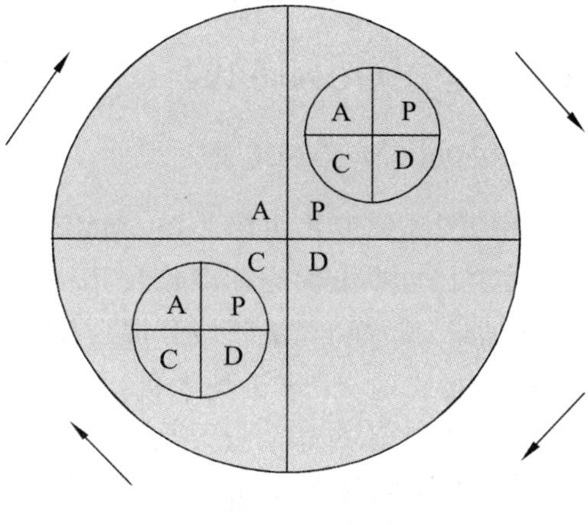

图 1.2　PCDA 综合循环示意图

（3）持续改进。PDCA 循环不是原地转动，而是在循环中前进和提高，它每循环一次，就提高一步，如图 1.3 所示。

在质量管理体系中，PDCA 循环是一个动态的循环，它可以在组织的每一个过程中展开，也可以在整个过程的系统中展开。它与产品实现过程及质量管理体系其他过程的策划、实施、控制和持续改进有密切的关系。

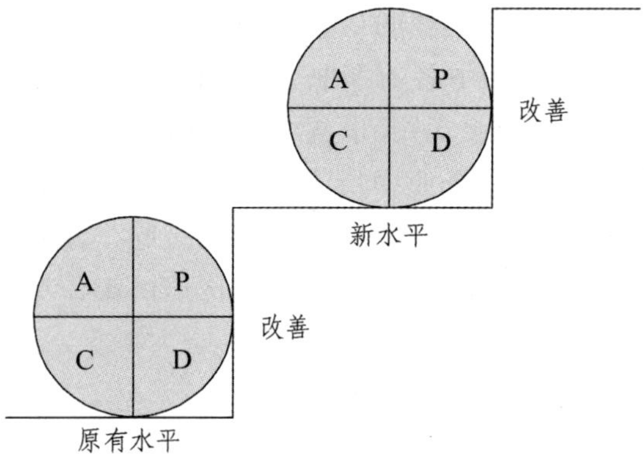

图 1.3 PDCA 循环不断升级示意图

3. 城市轨道交通企业实行全面质量管理的重要性

全面质量管理是一种现代化的质量管理，是一种以质量为核心的经营管理。开展全面质量管理是城市轨道企业提高自身素质、加强安全生产、增强市场竞争力的有效途径。

（1）城市轨道交通企业需要系统化安全管理。城市轨道交通运营涉及很多部门、很多专业技术，只要某一个关键环节疏忽，就会酿成难以预料的安全事故。因此，安全管理控制已经成为一个复杂的系统工程。

（2）乘客出行首选安全性好的出行方式。乘客之所以愿意选择城市轨道交通作为出行方式，其前提条件就是安全。全面质量管理就是为了解决乘客出行安全问题。城市轨道交通企业只有提高其安全管理水平和服务水平，才能提高企业的市场竞争力。

（二）推行 ISO9000 体系

1. ISO9000 体系的定义

ISO 是国际标准化组织（International Organization for Standardization）的简称。ISO 的宗旨是“在世界上促进标准化及其相关活动的发展，以便于商品和服务的国际交换，在智力、科学、技术和经济领域开展合作”。

ISO 通过它的 2 856 个技术机构开展技术活动。其中，技术委员会（简称 TC）共 185 个，分技术委员会（简称 SC）共 611 个，工作组（WG）2 022 个，特别工作组 38 个。ISO 的 2 856 个技术机构技术活动的成果（产品）是“国际标准”。ISO 现已制定出国际标准共 10 300 多个，主要涉及各行各业各种产品（包括服务产品、知识产品等）的技术规范。

ISO9000 不是指一个标准，而是一族标准的统称，根据 2000 版 ISO9000 族标准列出的主要标准如图 1.4 所示。

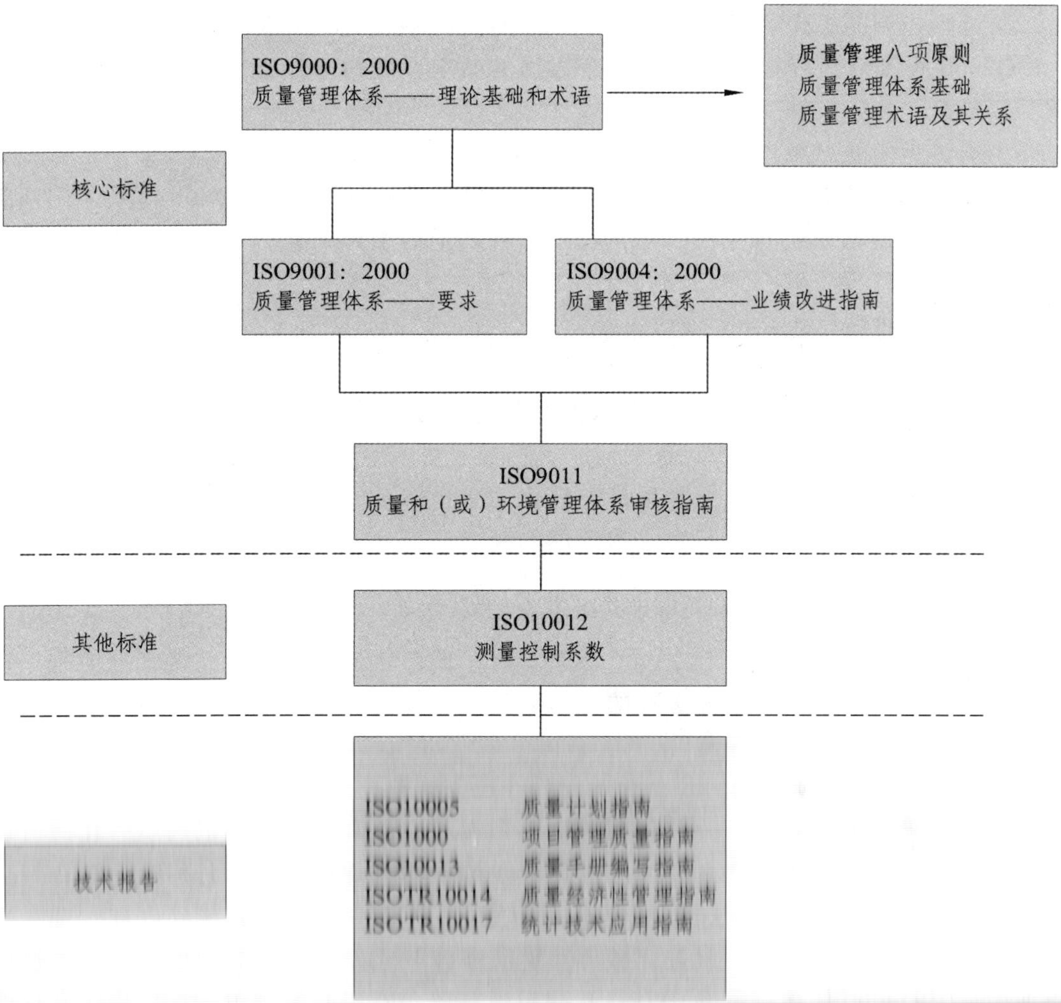

图 1.4　2000 版 ISO9000 族标准

2. ISO9000 核心管理思想

现代管理理论认为，如果仅仅注重产品本身的质量，加强产品检验工作，建立和完善质量控制体系，而不注重围绕产品生产的各个环节是否得到有效的管理和控制，就无法保证产品始终如一的质量。

ISO9000 系列标准的主导思想是：不仅注重产品本身的质量能否满足顾客或市场的需要，同时注重对所有影响产品质量的活动实施控制，即对生产产品或提供服务的全过程实施控制，并事先考虑到各种风险，采取有效的预防措施，在各种资源上予以保证。其核心管理思想如下：

（1）全面满足顾客的需要。

组织依存于顾客，一个组织的存在必须提供顾客满意的产品。对于城市轨道交通企业来说，各项工作必须满足社会公众的需要，努力提高社会公众的满意度。

（2）过程控制的思想。

ISO9000 标准对过程控制提出了 3 个方面的要求，即明确过程网络、确定控制方式、实施控制措施。

（3）预防为主的思想。

质量的优劣不是由检验决定的，而是通过过程形成的。因此 ISO9000 体系强调预防为主，即事先分析影响质量的各种因素，找出影响质量的主导因素，采取措施将其消灭在形成过程之中，防患于未然。

（4）持续改进的思想。

质量改进主要通过改进过程来实现，是一种以追求更高的过程效益和效率为目标的持续活动。“只有起点，没有终点”是组织管理者追求的永恒目标。

（5）制度化管理的思想。

ISO9000 标准要求组织建立并保持文件化的质量体系，制作并保存质量记录，明确内部质量审核程序和方法，形成制度化的管理体制。

3. 城市轨道交通企业推行 ISO9000 体系的必要性

在城市轨道交通企业推行 ISO9000 体系，对于城市轨道交通企业完善管理体制、转变管理理念、提高管理水平是十分必要的。

（1）城市轨道交通依章运营的必然要求。

依章运营是城市轨道交通一切行为的原则和行为规范。城市轨道交通安全运营最经常、最密切、最广泛地关系到社会公共利益和公民个人利益，必须加以规范约束。在与市场良性互动的过程中，必须建立起自身的法治化、规范化的管理模式和运行体系。只有做到管理健全、行为规范，严格遵守国家的各项法律法规，不断加强自身建设和内部管理，为社会公众提供更为高效和优质的服务，城市轨道交通企业才能树立良好的形象。城市轨道交通企业引入 ISO9000 体系标准对于有效转变思想观念，解决政策规范、运营程序、管理方式、操作技术等方面的问题，进而通过系统运作有效地提高城市轨道交通安全管理水平，具有重大的意义。

（2）城市轨道交通企业改进和加强安全管理的客观需要。

建立健全科学的运营质量管理体系是改进和加强安全管理的前提。近几年，城市轨道交通企业在完善管理模式、改进管理手段、加强质量控制方面做了大量的工作，安全管理水平有了很大的提高。但由于职工职业道德、业务素质参差不齐，以及在实际工作中存在着基础管理相对弱化等问题，故距离规范化、科学化的管理还有一定距离。因此，必须推行 ISO9000 体系。

（3）迅速提高城市轨道交通安全管理水平的有效途径。

城市轨道交通企业要实现具有福利性质和经济性质的综合效益目标，当前所面临的一个重要问题是如何有效地提高其安全管理水平，实现工作职责明晰化，机构人员配置科学化。ISO9000 标准是一种动态的、系统的质量管理标准，为建立质量管理体系，提高产品和服务质量，提供了科学、系统的指导，对优化组织内部管理，增强竞争活力，促进组织不断改进管理措施、保持持续发展和长期成功起着不可估量的作用。从实践看，该标准为企业提升管理水平、提高工作质量提供了一个结构严密的管理平台和框架，已为世界上不同类别和规模的企业普遍接受。因此，城市轨道交通企业引入 ISO9000 标准来构建安全管理体系、打破经验管理的常规思维、转变管理理念和手段，是深化安全质量管理、创新安全管理机制、迅速提高城市轨道交通企业安全管理水平的有效途径。

（三）全面质量管理体系（TQC）与 ISO9000 体系的有机结合

全面质量管理作为以质量为中心的现代管理方式，是指企业为了保证和提高产品质量综合运用的一整套质量管理思想、体系、手段和方法，已发展成为指导企业质量管理的学科。而 ISO9000 体系标准则是在总结各国质量管理经验的基础上，经过广泛研究协商，由国际标准化组织所制定的一系列质量管理和质量保证标准，在技术合作、贸易往来上作为国际认可的标准规范。两者的形式和作用虽不同，但 ISO9000 体系标准实质上是全面质量管理思想的延续，两者存在一致性，具体表现在：

（1）遵循的原理是相同的。在全面质量管理理论中，描述产品质量的产生、形成和实现运动的规律是朱兰博士提出的“质量进展螺旋”曲线，这是开展全面质量管理的基本原理。而 ISO9000 体系标准明确提出“质量体系建立所依据的原理是质量环”，这实际就是以质量螺旋曲线为依据。由此可见，两者遵循的原理是相同的。

（2）基本要求是一致的。全面质量管理的基本要求包括质量管理、全过程管理、全面参与、全面地综合利用各种科学方法，而 ISO9000 体系标准也同样包括这些要求。

（3）指导思想及管理原则相同。全面质量管理与 ISO9000 体系标准都同样贯彻以下思想：系统管理、为用户服务、预防为主、过程控制、全面参与、全面地综合利用各种科学方法。

（4）强调领导作用。全面质量管理强调必须从领导开始；ISO9000 体系标准首先规定了企业领导的职责。两者都要求企业领导必须亲自组织实施。

（5）重视评审。全面质量管理重视考核与评价；ISO9000 体系标准重视质量体系的审核、评审和评价。

（6）不断改进质量。两者都强调任何一个过程都可以不断改进，并不断完善。因此，可以不断改进产品的服务质量。

通过比较可以看出，全面质量管理与 ISO9000 体系标准可以互相结合，互相促进。全面质量管理把建立质量体系作为自己的基本要求，而 ISO9000 体系标准则把建立质量体系作为达到全面质量管理的必经之路。推行体系标准可以促进全面质量管理的发展并使之规范化，还可以实现与国际合作伙伴间的双边或多边认可；体系标准也可以从全面质量管理中吸取先进的管理思想和技术，不断得到完善。

另外，全面质量管理与 ISO9000 体系标准之间也存在以下几个细小的差别：

（1）ISO9000 与全面质量管理虽然都讲全面质量，但 ISO9000 的质量含义比全面质量管理所讲的质量含义更广。ISO9000 对质量的定义是“反映实体满足明确和隐含需要的能力的特性综合”，这里的实体是指可以单独描述和研究的事物，可以是活动或过程、产品、组织、体系、人或它们的任何组合。可见 ISO9000 所指的质量的对象非常广泛。而全面质量管理所指的全面质量是产品的设计质量、制造质量、使用质量、维护质量等，其对象不如 ISO9000 广泛。

（2）ISO9000 与全面质量管理都指全过程控制，但 ISO9000 强调文件化，而全面质量管理更重视方法和工具。

（3）ISO9000 是通用的标准，可比较、可检查、可操作，而全面质量管理没有规范化。

（4）按 ISO9000 能够进行国际通用的认证，而全面质量管理则不能。

纵观质量管理的发展历史，后一阶段从来都是在前一阶段的基础上继承和发展的，而不是对前一阶段的取代和否定。就像全面质量管理不能取代检验和统计质量管理一样，体系标准也不可能取代全面质量管理。因此，要正确处理两者关系，既要防止以实施体系标准来否定全面质量管理，也不能借口推行全面质量管理而不贯彻体系标准。正确的做法是以贯彻体系标准来促进全面质量管理的规范化，以全面质量管理的思想做指导来学习、贯彻体系标准，并结合实际充实和完善企业质量体系，这样才能取得更好的效果。

二、城市轨道交通安全管理原则

加强安全管理的目的是在安全生产过程中，通过对人员、设备、材料、作业过程、环境等因素的有效管理，提高现场自控能力，实现安全管理的目标。

（一）安全管理原则

1. 以人为本的原则

以人为本的安全管理包括两方面：一是城市轨道交通服务关系千百万乘客生命安全，确保乘客和员工的人身安全是重中之重；二是要把安全管理的压力和职工的主人翁地位统一起来，注意关心职工的正当权益和合法诉求，尽可能满足职工的合理需求。

2. 抓生产必须管安全的原则

抓生产必须同时管安全，体现了生产和安全的辩证关系以及安全生产的重要性。企业要达到安全生产的目的，必须要坚持“五同时”，即在计划、布置、检查、总结、评比生产的同时，必须要有安全生产的内容。企业的生产、技术、物资、财务以及党、政、工、团等部门的工作范围内，都必须有保证安全生产的工作内容。

3. 坚持教育与惩罚相结合的原则

实行奖惩制度，把思想工作同行政、经济手段结合起来。在奖励上，坚持精神鼓励与物质奖励相结合；在处罚上，坚持以教育为主，惩教结合的原则，行政处分和经济处罚可以并处。

4. 防微杜渐的原则

从生产实践来看，小事故发生的频率远远高于较大事故、重大事故、特别重大事故。“抓小防大”就是不放过任何小事故和事故苗头，其目的在于防止大事故的发生。对已发生的事故，要如实汇报，组织按照“四不放过”的原则（事故原因不查不放过、事故责任者得不到处理不放过、整改措施得不到落实不放过、事故教训不吸取不放过）对事故进行调查分析，制定防范措施，严肃认真处理。

5. 责、权、利统一对等的原则

加强班组安全管理，保持班组安全的长期有序可控，首先，要保证班组责、权、利的统一和对等，明确班组在安全生产中的地位和作用；同时，要确定统一考核标准，规范工作流程，奖罚分明。

（二）安全管理关键

1. 落实干部逐级负责制

逐级负责制实行谁主管谁负责，旨在落实分工负责，主要针对领导班子；谁分管谁负责，旨在落实专业负责，主要针对车间和机关干部；谁的岗位谁负责，旨在落实岗位负责，主要针对广大职工。对安全问题，按其性质实行分层管理：车站领导班子主要控制超前性、关键性、倾向性和具有全局性的问题；安全室主要负责前沿性、基础性、达标性的问题；班组主要负责岗位性、随机性问题。

2. 实施安全百日考核

安全百日考核包括公司大百日考核，车站、班组班百日考核和个人岗位百日考核。实施的目的是要将安全工作的要求落实到每个车站、班组和岗位。

3. 细化干部的工作标准

解决干部队伍中工作标准不高、安全责任落实不到位的症结。

（1）着力强化干部的责任意识。重点强化在安全工作上没有“局外人”的责任意识。

（2）狠抓干部的管理标准。要求各科室、各班组必须克服工作不细、作风不实、标准不高、管理不狠、责任不明、政令不畅、考核不严、奖惩不当的倾向。

（3）努力克服官僚主义、形式主义、老好人主义及经验主义。

4. 严格职工的作业标准

（1）深入开展标准化活动。对全公司各工种的作业标准进行补充修订完善后，下发给职工，要求背熟，达到每项作业符合标准要求，并按标准用语进行作业的联系对话。对职工背标、用标的熟练程度进行考核。

（2）规范表格及簿册的填写。将车站、班组的表格、账册、调度命令的规范样式及填写要求统一印发给班组，安全管理干部每到一岗点必须查看表格及簿册的填写并签字。

（三）安全管理内容

（1）乘客安全。保证乘客在车站和旅行中不发生人身和财产安全事故。

（2）职工安全。通过改善劳动条件和采取一系列措施，保证职工在生产过程中的健康和安全。

（3）行车安全。它是衡量生产和管理水平的重要标志，对城市轨道交通企业具有特殊重要的意义。如果行车发生任何差错和事故，会直接关系到乘客安全，影响企业声誉和城市交通，影响国民经济发展。

（4）设备安全。保证运输安全运行的物质基础，必须管好、用好、养护好设备。

（5）防火安全。在站内和列车运行途中，不发生任何火灾事故。

（6）意外事件。防止进出站口因拥挤造成人身伤亡事故，防止站内、列车上坠落物伤人等。

三、城市轨道交通安全管理手段

由于城市轨道交通自身的特点，其安全性已越来越受到广大公众的密切关注。因此，及时有效地分析轨道交通运营安全及故障原因，制订相关对策及处理措施，对改善城市轨道交通运营的安全现状，预防事故和降低事故损失都具有重要的意义。对于轨道交通来说，做好安全生产工作是一项重要的政治任务，关系到国家和人民的生命财产安全，关系到和谐社会的构建，其安全管理的手段主要在“防、治、控、救”。

（一）防止事故发生

预防事故发生，必须牢固树立“安全第一，预防为主”和“隐患险于明火、防范胜于救灾”的思想。

1. 开展公众安全宣传教育，推进轨道交通安全文化建设

大力开展公众安全宣传教育，积极推进建设运营安全文化，努力提高全体职工和乘客的安全意识。通过各种方式，宣传“安全第一，预防为主”“以人为本、安全至上”的安全理念，大力营造“关爱生命、关注安全”的氛围，将城市轨道运营安全管理中的“全员”概念延伸至“全民、全社会”，致力于建造“安全型社会”，从而确保运营安全。

2. 加强员工培训，提高处理突发事件能力

对每个有不同岗位要求的工作人员而言，高质量地完成本岗位的工作要求，是保证轨道交通系统安全高效运营的关键。因此，必须加强工作人员的业务素质和道德培养。对于

运营关键岗位，尤其是乘务、站务、调度这种关键性操作岗位，员工业务水平的高低直接影响地铁安全运营，通过开展对此类岗位的各种业务比武、知识竞赛、岗位操作资格证年审等活动，增强关键岗位的业务能力和应急处理经验，对于轨道交通安全运营关系重大。总之，重视员工培训是实现安全运营的基础和条件，是安全运营的成功经验之一。同时要进行安全教育，其内容主要有：安全思想教育（安全生产方针、政策、重要意义、劳动纪律、作业纪律、各项规章制度和典型事故案例教育）、安全生产技术知识教育和事故应急处理教育。

3. 充分依靠科技成果，加强硬件设备的安全防范措施

采用科学技术成果是城市轨道交通安全生产工作的重要保障。从设备角度考虑，可以增强机械设备的安全系数。比如：采用先进的阻燃材料、使用安全屏蔽门以减少因为拥挤而失足落下站台的危险、采用防滑花岗石防止因滑倒而导致的事故、增加车站和列车上的安全监测和预防设施、自动售票机(AFC)、防灾报警系统(FAS)等。

（二）治理安全隐患

“治”是治理，即检查、整顿、消除安全隐患和不安全因素。

1. 完善城市轨道交通安全标准体系

目前我国城市轨道交通建设与管理的安全标准尚未完善。根据我国城市轨道发展的情况，应尽快修改和完善影响城市轨道交通系统安全的有关车辆、消防、报警、监控、通风、排烟和应急照明等的设计规范，建立轨道交通安全技术标准和安全检查规范，补充完善安全设计、安全施工、安全运营，提高规划设计和施工的安全标准，以提高城市轨道交通整体安全水平。建立防火、防爆等安全防范与应急措施。

2. 加强对城市轨道交通运营企业的安全评估工作

开展对企业的安全评估工作是强化企业安全管理的基础，是保障城市轨道交通企业安全运营的重要措施。有关部门应尽快制定和实施《城市轨道交通运营企业安全评价标准和办法》，并以此为依据，开展企业安全评估工作。对评估中发现的问题要立即整改。对需要一段时间整改的要制订计划、落实责任、限期整改，并确保按期完成。要将评估报告和处理意见报送当地政府，以督促有关部门对事故隐患的整改，提高城市轨道交通运营企业的安全管理水平。

3. 加强日常管理和检查，加大查处力度

在日常工作中，要加强对员工作业情况的检查。可以通过日常检查和定期检查相结合，专项检查和综合检查相结合，检查员工是否按作业标准工作，要杜绝违章违纪现象，及时发现隐患并加以整改。在城市轨道交通中，乘客跳轨、携带危险品等都对运营安全带来较大隐患，工作人员和公安必须对此加大查处，对此类行为进行阻止，设置安全栅、门，严禁“三品”上车。

4. 通过“6S”管理减少安全隐患

“6S 管理”是指企业在运营安全管理工作中，及时开展整理（Seiri）、整顿（Seiton）、清扫（Seiso）、清洁（Seiketsu）、素养（Shitsuke）和安全（Security）的活动，是企业行之有效的现场管理理念和方法，其作用是：提高效率，保证质量，使工作环境整洁有序，预防为主，保证安全。6S 的本质是一种执行力的企业文化，强调纪律性的文化，不怕困难，想到做到，做到做好，作为基础性的 6S 工作落实，能为其他管理活动提供优质的管理平台。

通过 6S 管理活动，对现场进行全面的规范和排查，从“人、机、料、法、环”各个方面深入查找不安全的活动场所、设备和不安全环节，对于与安全有关的操作、作业场所、作业过程进行必要的目视化提示与警示，对重要的操作进行现场目视化指引，通过划分管理区域和确定管理责任人等措施，让员工一开始就养成事事“讲究”的习惯，减少因现场混乱或误操作造成的故障或事故。

（三）控制不安全因素

“控”就是控制，即控制各种隐患和不安全因素、控制突发事件和运营风险。

1. 实时监控措施

城市轨道交通运营公司必须具备专业的维修保养业务监督验收能力。通过诸如工作进度表、工作总结会议和年审会议，对外包活动进行适时的调整和监控，包括总结合作经验、制订改进方案等复杂的工作。保持和稳定双方良好的合作，达到避免风险实现双赢的目标。

2. 依据 ISO9000 质量控制体系，严格执行并提高管理水平

为确保系统处于良好的运营状态，为乘客提供安全、舒适的出行环境，对安全管理工作应实行目标化管理，即“人员配备专业化，业务技能熟练化、设备管理规范化、设施运营正常化、日常养护制度化、事故救援快捷化、安全管理目标化、安全服务人性化。”同时，依据 ISO9000 质量体系，制订安全管理工作控制程序并严格执行。

3. 保持与其他单位的良好协作，控制外部因素干扰

城市轨道交通系统往往要穿越复杂的城市建筑，受到的约束条件很多。与施工单位保持良好的协作关系，可以提前了解施工范围和内容，对侵入轨道限界的工程应及时制止和控制，以免给运营安全带来影响；建立警地联动机制，共保地铁一方平安。目前，国内拥有地铁的城市大都建立了相应的公安部门，地铁运营单位要加强与地铁公安的合作，充分依靠公安力量，保障地铁的平安秩序，明确联动例会制度，工作联系机制及联动应急机制；与地方供电局保持良好沟通，密切关注有关停电信息，以便及时调整运营策略。

4. 及时有效地采取措施，将事故控制在萌芽状态

事故发展的初期是有效控制事故、避免事故恶化的关键阶段。在事故或故障发生时，应正确及时地采取有效措施，将事故、故障控制在一定范围内，最大限度地减少损失，降低影响，防止事态恶化。

（四）救援事故与险情

“救”是救援，即在发生险情及事故时，以最快、最有效的办法确保安全，减少损失，恢复正常，维持服务。

1. 正确处理

当事故和险情发生时，城市轨道交通运营人员应根据有关制度和应急处理预案，迅速做出判断和处理，安全疏散乘客，确保国家财产不损失；在险情和事故排除后，应及时处理设备检修，彻底消除安全隐患。

2. 合理调整

在处理故障或突发事件时，运营人员应根据实际情况，合理地调整列车运营，最大限度地减少对后续列车的影响，保证运营能正常进行。调整运营的方式有很多种，如扣车、限速、反向运行、越站通过等。

3. 及时报告

发生险情和事故时，当事人员要及时向有关部门和领导汇报，保持信息渠道畅通。调度中心会根据实际情况做出正确判断，给予调度命令指挥行车；对于重大影响的时间，要通过有关部门向地方政府汇报。

4. 分析原因

险情和事故发生后，要按照“四不放过”原则，进行及时找出事故原因，分析总结，整改隐患，完善规章制度，防止同类事故发生。

思考题

1. 安全的定义及含义是什么？
2. 城市轨道交通安全管理具有哪些特殊性？
3. 安全生产的“五要素”是什么？“五要素”之间的关系如何？
4. 什么是 TQC？什么是 ISO9000？两者的联系与不同有哪些？
5. 城市轨道交通安全管理的手段有哪些？

第二章

城市轨道交通安全保障体系

【学习目标】

通过本章学习，能够理解建立城市轨道交通安全保障体系的必要性和影响城市轨道交通运营安全的因素；熟悉我国城市轨道交通安全管理相关的法律法规、安全生产责任制的要求及职责，明确加强设备保障体系和安全教育培训体系建设的重要性。

第一节 概 述

一、建立城市轨道交通安全保障体系的必要性

安全是城市轨道交通运营中不可忽视的重要问题，“安全第一”是乘客的基本需求和首要标准，也是轨道交通运营管理的主题。运营安全不但反映了轨道交通运营管理水平和运输服务质量，而且是城市轨道交通系统实现便捷、高效运营的前提。运营安全有序是轨道交通运营部门所追求的目标，也是满足乘客需求、获得良好社会和经济效益的根本保证。

城市轨道车站及列车为人流密集的公众聚集场所，特别是地下铁道处于地下的空间，形成封闭的环境，聚集密集的人员，通风和疏散都受到极大限制，这是城市轨道交通安全十分突出的弱点。一旦发生意外事故，伤亡损失往往非常惨重。因此，深入开展城市轨道重大事故安全保障技术研究，加强城市轨道的安全管理，做好城市轨道的安全工作，关系到人民生命财产的安全，更是关系到国家经济发展、社会稳定和构建和谐社会的大事。城市轨道作为现代化城市的生命中枢，一旦发生突发事故，其社会影响力、政治影响力和国际影响力都巨大。近些年来，城市轨道又成为人为破坏与恐怖袭击的主要目标之一，城市轨道安全工作的特殊性和脆弱性日益突出。因此，必须充分认识城市轨道安全工作的特殊性、复杂性和重要性，努力提高城市轨道的安全程度，确保生命与财产安全。如何对城市轨道突发灾害事故进行有效的监测、预报，并在对城市轨道灾害规律深刻认识的基础上，提出有效的灾害防范、救援措施和方法，建立科学有效的城市轨道安全保障体系已呈必然趋势，从而预防和减少重大事故的发生，提高城市轨道处置突发事故的手段和能力。

二、影响城市轨道交通运营安全的因素

城市轨道交通系统是一个在时间、空间上分布很广的开放的动态系统，轨道运营安全影响因素很多，而且错综复杂。有系统内部的和外部的，也有人为的和自然引起的，归纳起来，有 4 种基本因素，即人、物、环境、管理。其中，人既是影响安全的一种因素，又是防护对象；物既是影响安全的因素，又是保障安全的物质基础；环境既可能是影响安全的灾害因素，又可能是应予保护的社会财富。因此，必须从这 4 个构成生产系统安全的基本因素出发，对其进行合理的组织管理，以管理因素作为控制、协调手段，协调人、物、环境之间的关系，并将系统状态信息反馈给管理系统，从而改进管理方法，充分发挥各自效能，最终形成更安全可靠的系统。城市轨道交通系统运营安全影响因素的关系如图 2.1 所示。

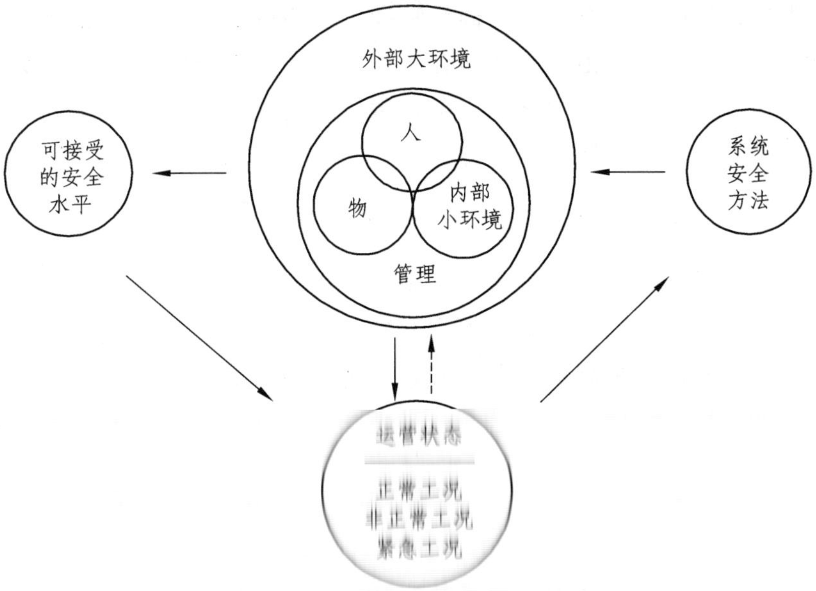

图 2.1　运营安全影响因素及其关系

（一）人的因素

人的因素可以分为人的错误判断、不安全行为、意愿的变化等方面。这些因素往往是导致事故或突发事件的直接原因。

在城市轨道交通运营活动中，所有各项活动都依赖高素质、安全和可靠的人的行为。运营工作的每个环节、每项作业、所服务的对象，都需要人占据主导地位。人的因素在运营安全中起着最关键的作用。城市轨道运营安全因素中的人包括：系统内的员工、系统外的乘客、轨道沿线居民，以及地面上行驶的机动车驾驶员等。

影响城市轨道运营安全的人的因素，是指人的安全素质，包括思想、生理、心理素质，技术业务水平，以及群体素质等，不同的人员有不同的素质要求。

1. 系统内人员安全素质要求

城市轨道员工安全意识如何，各种非正常情况下的作业技能和应对能力的高低，安全

防范知识的多少，都会直接决定其安全行为，直接影响城市轨道运营的安全效果，对安全生产起决定性的作用。在城市轨道运营安全管理中必须首先培养员工的安全素质。

（1）思想素质。包括职业道德、劳动纪律、安全观念等。

（2）技术业务素质。包括业务知识、文化素质、安全知识、安全技能，以及各种非正常情况下的作业能力等。

（3）生理素质。指影响运营安全的人体生命活动，包括身体条件和生理状况。主要有年龄、性别、记忆力、体力、耐力、视力、视觉、听觉、动作和思维反应时间，以及疲劳强度等，均与城市轨道运营安全有着十分密切的关系。

（4）心理素质。指影响运营安全的人的心理过程和个性心理特征。主要包括个体的气质、能力、性格、情绪、需要、动机、态度、爱好、兴趣、意志等。

（5）群体素质。指影响运营安全的群体特征，包括群体目标、群体凝聚力、群体的信息沟通、群体的人际关系等。由于轨道运营工作要求多工种协同动作，涉及多个环节，因而它对于运营系统内的部门和部门之间、部门内人员之间以及同一作业的不同操作者之间的协调性要求很高，群体的作用显得十分重要。

2. 系统外人员安全素质要求

系统外人员主要指乘客、城市轨道沿线居民、机动车驾驶员等。他们不直接从事运营生产活动，因此，对他们的安全素质要求主要体现在严格遵守城市轨道交通运营安全法规的相关规定，具备较强的安全意识和一定的安全防范与应急技能。

【案例】 2003 年 2 月 18 日，韩国大邱市地铁中央路站发生火灾，造成 135 人死亡，137 人受伤，318 人失踪。

最先着火的是一组 6 节列车，载有旅客约 400 人。4 min 之后，在前方车站已经发生火灾后，行车调度居然允许另一辆 1080 号列车依然驶入烟雾弥漫的站台。1080 号列车也是一组 6 节列车，载有旅客约 400 人。后进站的这组列车的驾驶员因为害怕有毒气体进入车厢而没有采取任何果断措施疏散乘客。等再想打开列车的车门时，电被切断了，从而全体乘客都被关在了黑暗的车厢内。一些车厢的乘客找到了应急装置，用手动方式打开了车门得以逃生，但是许多车门一直未被打开。第一组列车的车厢门是开着的，所以乘客可以及时逃出去，但第二组列车的车门却是紧闭的。大多数死者是第二组列车上的乘客。更不可思议的是，在事故发生后，调度居然还下达“允许 1080 号车出发”的指令。

（二）物的因素

物的因素是指潜伏在物本身的不安全的因素，是导致事故发生的物质条件。广义上的物包括：原料、燃料、动力、设备、工具、半成品、成品等。例如：机器设备的不安全因素、易燃易爆物品的危险因素、个人防护用品用具的缺陷、各种自然物的不可预料的不规则运动等，都是引发事故或突发事件的原因，而且常常是直接原因。

影响城市轨道运营物的因素狭义上指的是各种影响运营安全的设备因素。城市轨道的设备是影响运营安全的物质基础，又是运营安全的重要保障。城市轨道的设备以安全关系的角度划分可以划分为生产基础设备和安全技术设施。生产基础设备主要包括固定设备（线路、车站、车辆段、城轨相关机电设备等）和移动设备（动车组、ATP 等）。运营安全技术设施主要包括对员工作业的正确性进行监督的安全监控设备（CCTV 等），对运营生产基础设备的技术状态进行监测的安全监测设备（BAS、FAS 监测系统等），保障乘客人身安全的辅助安全公共设施（屏蔽门、旅客信息系统等），对灾害、事故、突发事件进行抢险救援的救援设备（火灾报警系统、救援车等）。

加强生产基础设备和安全技术设施的管理，对消除或控制物的不安全状态十分重要。影响城市轨道安全的设备因素主要从两个方面进行考虑，包括设备的设计安全性和使用安全性。

1. 设备的设计安全性

设备的设计安全性是指设备的可靠性、可维修性、可操作性（人-机工程设计）以及先进性等。建设部在 1993 年颁布了《地下铁道设计规范》作为强制性国家标准明确规定了地铁的线路、车站、给排水、通信信号、防灾设备等各种设备的设计要求。随后国内的广州地铁、上海地铁、南京地铁、天津地铁、北京地铁 4 号线和 5 号线等线路依据《地下铁道设计规范》进行设计和建设。由于城市轨道的特殊性和发展迅速性，在借鉴和参考有关评价标准和国外现行标准的基础上，建设部于 2007 年 10 月出台了《地铁运营安全评价标准》（2008 年 5 月 1 日实施），对地铁各种运营设备安全性的评价标准进行规范化和制度化。《地铁运营安全评价标准》适用于正式运营满 1 年及以上的比较成熟的地铁运营系统的安全性评价。

2013 年发布，2014 年实施的《城市轨道交通工程设计规范》是国内第一部关于轨道交通工程设计的地方标准。该规范与国标和世界其他城市相关标准比较，注重“人文、绿色、科技”三大理念，落实“安全型、服务型、环境友好型、节能型、快捷高效型、网络化、国产化、标准化”等八项要求，可操作性强，并且在通风、空调与采暖、供电系统、通信、信号、自动售检票系统、运营组织、车辆、线路、轨道、防灾、环境保护、节能等多个方面实现了突破。《城市轨道交通运营技术规范》（GB/T 38707—2020）是 2020 年 10 月 1 日实施的一项中华人民共和国国家标准，规定了城市轨道交通设施设备运营技术需求和运营管理技术要求，适用于地铁、轻轨规划建设阶段的需求管理和运营阶段的技术管理。

2. 设备的使用安全性

要使生产基础设备安全可靠地运行，使安全技术设施有效地运行，就必须认真做好设备设施的管理、使用、保养、维修等技术管理工作，使其保持完好的技术状态。这项工作主要由设备管理部门负责。设备管理部门要严格按照安全检查制度的规定，使用安全检查表进行日常安全检查，及时发现设备设施出现的故障和使用过程中遭受的破坏和损耗，及时予以修复，确保运用的生产基础设备和安全技术设施保持完好的技术状态。

（三）环境因素

环境因素是指系统所处的自然环境和社会环境的异常状态。例如，暴雨带来的洪水泛滥，暴风雪引起停电，社会不稳定引起的罢工或怠工，以及恐怖分子造成的爆炸等。一般来说，环境因素是影响安全的间接原因，而且是短时间内不易消除的因素。环境因素包括内部环境和外部环境两部分。

1. 内部环境

内部环境通常指作业环境和系统内部的政治、文化等社会环境。

作业环境即生产现场的空间和生产设施所构成的人、机环境。在作业环境中，有各种机器、设备、原材料、半成品和成品等，还有机械设备产生的噪声和振动，生产空间的采光照明、泄露的有害气体、蒸汽、粉尘和热量等。在这样的环境里，管理有缺陷或不符合安全规范、标准要求，都可能给作业人员带来危害。

系统内部的社会环境主要指系统内部的政治、经济、文化、法规等环境。例如 2005 年国家安全生产监督总局成立伊始所提倡的企业的安全文化建设，就是以提高企业员工的安全意识和安全素质为目的的系统内部文化环境建设。

2. 外部环境

影响城市轨道运营安全的外部环境包括自然环境和社会环境。

影响城市轨道交通安全的自然环境主要指洪水、暴雨、风沙、泥石流以及地震等自然灾害，包括这些自然灾害带来的次生灾害。此外，气候因素（风、雨、雷、电、雾、雪、冰等）、季节因素（春、夏、秋、冬）以及时间因素（白天、黑夜）等也是不容忽视的事故致因。如 2004 年 7 月 10 日，北京地铁万寿路车站因大雨被淹被迫封闭，客车甩车通过，停运 20 min 后才恢复正常。2021 年 7 月 18 日，北京地铁 6 号线金安桥站发生雨水倒灌，随即采取封闭措施。

社会环境包括社会的政治环境、经济环境、技术环境、管理环境、法律环境以及社会风气、家庭环境等，它们对轨道运营安全均有不同程度的影响。

近年来，由于社会竞争日益激烈，有些人不免产生悲观厌世的心理，城市轨道已经成为某些自杀者的首选场所。更有甚者，失望之余产生报复社会的心理，在城市轨道交通中制造灾难事故。韩国大邱市地铁的纵火犯就是一位患有精神病的二级残疾人。目前印度政府决定在加尔各答地铁的 17 个车站播放古典轻音乐，以防止乘客自杀。

（四）管理因素

管理因素是指在管理的体制和制度，或者在管理的过程中存在一定的缺陷（见图 2.2），未遵循安全生产的客观规律，从而影响轨道交通运营安全。涉及运营安全的管理因素较多，主要有安全组织、安全法制、安全技术、安全教育、安全信息和安全投入等，其本质就是要充分发挥人的积极性和创造性，调动一切资源（人、财、物、信息）和积极因素，促使各种矛盾向有利于运营安全方面转化。

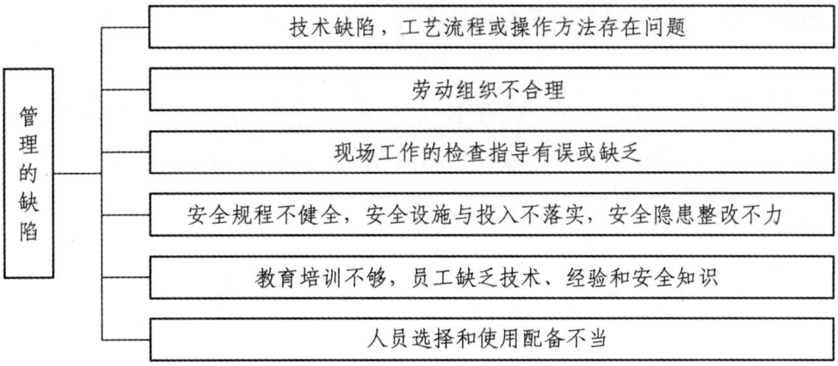

图 2.2　管理的缺陷

第二节　安全法律法规保障体系

一、我国安全生产法规的发展

安全生产法规是国家法律体系的重要组成部分，是保护劳动者生命安全和身体健康，保护国家和社会财产安全，保障社会经济持续发展的法令、规程、条例规定等法律文件的总称。

党和政府十分重视安全生产工作，早在新中国成立初期，国务院就颁布实施了“三大规程”和“五项规定”。“三大规程”指《工厂安全生产卫生规程》《建筑安全工程安全技术规程》和《工人职员伤亡事故报告规程》。“五项规定”指的是国务院 1963 年颁布的《关于企业生产中安全工作的若干规定》中明确地落实安全生产责任制、落实安全技术措施计划、加强安全生产教育、加强安全生产的定期检查、严肃伤亡事故的调查和处理等规定。

1978 年，中共中央在《关于加强安全生产工作的通知》中重新强调“加强劳动保护，搞好安全生产，保护职工的安全和健康，是我党的一贯方针”。各部委，省、自治区、直辖市人大或人民政府也颁布了部门或地方劳动保护条例或规范性文件。1991 年到 2000 年，全国人大常委会相继审议通过了《中华人民共和国劳动法》《矿山安全法》《消防法》等与安全生产相关的法律。

2000 年后，我国安全法律法规建设进入一个新的发展时期。2001 年全国人大常委会审议通过了《职业病防治法》，2002 年 11 月 1 日发布实施安全基础综合法规《安全生产法》，2003 年发布《道路交通安全法》；国务院 2001 年发布《特大安全事故行政责任追究规定》，2002 年发布《危险化学品安全管理条例》，2003 年发布《特种设备安全监察条例》和《工伤保险条例》等，2004 年发布《关于加强安全生产工作的几点意见》和《安全生产许可证条例》等。

二、我国安全生产法律法规体系

安全生产工作是一项系统工程，需要建立在系统完善的法律法规体系之上。按照“安全第一，预防为主，综合治理”的安全生产方针，我国制定了一系列的安全法规，初步形成结构比较完善的法规体系。目前，我国安全法规体系的层次结构如图 2.3 所示。

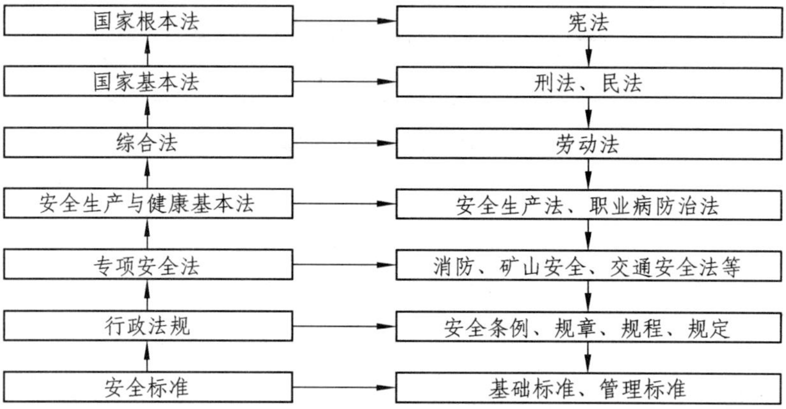

图 2.3　我国安全法规体系层次

三、安全生产相关法律法规

（一）《宪法》

《中华人民共和国宪法》(简称《宪法》)是我国的根本法，具有最高的法律效力。《宪法》中对公民的劳动保护有明确的规定。

《宪法》第四十二条规定：中华人民共和国公民有劳动的权利和义务。国家通过各种途径，创造劳动就业条件，对就业公民进行岗前就业训练。在发展生产的基础上，加强劳动保护改善劳动条件，提高劳动报酬和福利待遇。这是宪法对生产经营单位进行安全生产和从事各种工作的总的原则、总的指导思想和总的要求。我国各级政府管理部门、各类企事业单位机构，都要按照这一原则，确立安全第一、预防为主的思想，积极采取安全管理和技术保障措施，不断改善劳动条件，加强安全生产工作，切实保护从业人员的安全和健康。

《宪法》第四十三条规定：中华人民共和国劳动者有休息的权利。这一规定确定了劳动者的休息权利以及劳动者的工作时间与休息制度，保证了劳动者有充沛的精力进行劳动和工作，防止积劳成疾或因疲劳发生人身伤亡事故。

（二）《刑法》

《中华人民共和国刑法》(简称《刑法》)。对安全生产方面构成的犯罪和违法行为的惩罚做了规定。《刑法》第一百三十一条至一百三十九条，规定了重大飞行事故罪、铁路运营安全事故罪、交通肇事罪、重大责任事故罪、重大劳动安全事故罪、危险品肇事罪、工程重大安全事故罪、教育设施重大安全事故罪和消防责任事故罪等 9 种危害公共安全罪名。此外，还有生产、销售不符合安全标准的产品罪、重大环境污染事故罪、环境监管失职罪。

刑事责任是对违法行为人的严厉惩罚，安全事故的责任人或责任单位主管负责人构成犯罪的按《刑法》所规定的罪名追究刑事责任。

（三）《民法通则》

《民法通则》规定的特殊侵权民事责任中有 6 种属于安全事故民事责任范畴。例如，第一百二十三条规定：从事高空、高压、易燃、易爆、剧毒、放射性、高速运输工具等对周围环境有高度危险的作业造成他人损害的，应当承担民事责任。

（四）《劳动法》

《中华人民共和国劳动法》（简称《劳动法》）于 1994 年 7 月 5 日由全国人大常委会通过，1995 年 5 月 1 日起施行。

《劳动法》是调整劳动关系以及与劳动关系密切联系的其他关系的法律规范。该法明确规定了劳动者的各项权利和义务，对女职工和未成年工实行特殊劳动保护，以及劳动安全卫生监督检查的规定。

（五）《安全生产法》

《中华人民共和国安全生产法》（简称《安全生产法》）于 2002 年 6 月 29 日经全国人大常委会审议通过，2002 年 11 月 1 日起施行。《安全生产法》是我国第一部安全生产的基本法律，在我国安全生产法律体系中，《安全生产法》的法律地位和法律效力是最高的，是各类生产经营单位及其从业人员实现安全生产所必须遵守的行为规范，是各级人民政府和各有关部门进行监督管理和行政执法的法律依据，是制裁各种安全生产违法犯罪行为的法律武器。《安全生产法》的颁布和实施是我国安全生产法制建设的重要里程碑。

（六）《职业病防治法》

《中华人民共和国职业病防治法》（简称《职业病防治法》）于 2001 年 10 月 27 日经全国人大常委会表决通过，自 2002 年 5 月 1 日起施行。《职业病防治法》总则第一条就明确本法是为了预防、控制和消除职业病危害，防治职业病，保护劳动者健康及其相关权益，促进经济发展。

《职业病防治法》规定劳动者享有的各种职业卫生保护权利。包括：获得职业卫生教育、培训的权利；获得职业健康检查、职业病诊疗、康复等职业病防治服务的权利；了解作业场所产生或者可能产生的职业病危害因素、危害后果和应当采取的职业病防护措施的权利；要求用人单位提供符合防治职业病要求的职业病防治设施和个人使用的职业病防护用品，改善工作条件的权利；对违反职业病防治法律、法规以及危及生命健康行为提出批评、检举和控告的权利；拒绝完成违章指挥和强令没有职业病防护措施的作业的权利；参与用人单位职业卫生工作的民主管理，对职业病防治工作提出意见和建议的权利。

《职业病防治法》规定了用人单位职业病防治的职责。包括：用人单位应当为劳动者创造符合国家职业卫生标准和卫生要求的工作环境和条件，并采取措施保障劳动者获得职业卫生保护；用人单位应当建立、健全职业病防治责任制，加强对职业病防治的管理，提高职业病防治水平，对本单位产生的职业病危害承担责任；用人单位必须依法参加工伤社会保险。

（七）和安全生产有关的相关条例

1.《工伤保险条例》

为了保障因工作遭受事故伤害或者患职业病的职工获得医疗救治和经济补偿，促进工伤预防和职业康复，分散用人单位的工伤风险，2003 年 4 月 16 日全国人大常委会讨论通过了《工伤保险条例》(简称《条例》)，2003 年 4 月 27 日公布，自 2004 年 1 月 1 日起施行。

该《条例》规定中华人民共和国境内的各类企业、有雇工的个体工商户等用人单位当依照本条例参加工伤保险，为本单位全部职工或者雇工（以下称职工）缴纳工伤保险费。中华人民共和国境内的各类企业的职工和个体工商户的雇工，均有依照本条例的规定享受工伤保险待遇的权利。具体工伤保险工作由劳动保障行政部门负责。

2.《生产安全事故报告和调查处理条例》

为了规范生产安全事故的报告和调查处理，落实生产安全事故责任追究制度，防止和减少生产安全事故，根据《中华人民共和国安全生产法》和有关法律，制定了《生产安全事故报告和调查处理条例》。2007 年 3 月 28 日国务院第一百七十二次常务会议通过，2007 年 4 月 9 日公布，自 2007 年 6 月 1 日起施行。

3.《危险化学品安全管理条例》

为了加强对危险化学品的安全管理，保障人民生命、财产安全，保护环境，2002 年 1 月 26 日国务院公布了《危险化学品安全管理条例》，自 2002 年 3 月 15 日起施行。

4.《特种设备安全监察条例》

鉴于原《特种设备安全监察条例》已经不能适应新时期的要求，2009 年 1 月 14 日国务院第四十六次常务会议在原条例的基础上修改并通过新的《特种设备安全监察条例》，自 2009 年 5 月 1 日起施行。

5.《国务院关于特大安全事故行政责任追究的规定》

为了有效地防范特大安全事故的发生，严肃追究特大安全事故的行政责任，保障人民群众生命、财产安全，2001 年 4 月国务院制定了《国务院关于特大安全事故行政责任追究的规定》，自公布之日起实施。

6. 交通运输部《关于切实做好城市轨道交通防汛工作的紧急通知》

针对由于大雨给城市轨道交通带来的影响，2021 年 7 月，交通运输部办公厅日前印发《关于切实做好城市轨道交通防汛工作的紧急通知》，提出，运营单位要进一步加强巡查监测，及时发现险情苗头，科学研判发展态势，及时启动相应等级预案；当发生水淹倒灌等突发事件时，严格按照《城市轨道交通行车组织管理办法》要求，不具备安全运行条件的应坚决停运，对发生淹水倒灌的线路，要全面深入细致排查设备系统，及时更换受损设备，必要时聘请第三方机构、行业专家对相关线路进行全面测试评估，严防次生灾害。

四、城市轨道交通安全生产相关法律法规及规章

随着我国城市轨道交通发展规模的不断加大，城市轨道安全生产的法律法规不够完善的矛盾日益突出。很多城市轨道交通管理法规所规范的内容和范围需要重新界定和进一步明确，并需在此基础上进一步再立法，做到有法可依，有规可循。

1.《城市轨道交通运营管理规定》

为了加强城市轨道交通运营管理，保证城市轨道交通正常、安全运营，维护城市轨道交通运营秩序，保障乘客和城市轨道交通运营者的合法权益，2005 年 3 月 1 日建设部第五十三次部常务会议讨论通过了《城市轨道交通运营管理办法》（简称《办法》）。该《办法》适用于城市轨道交通的运营及相关的管理活动，明确指出各级建设主管部门负责城市轨道交通的监督管理工作。

2018 年 5 月 21 日，交通运输部废止了《城市轨道交通运营管理办法》，新公布了《城市轨道交通运营管理规定》（简称《规定》）。《规定》从运营基础要求、运营服务、安全支持保障、应急处置等方面明确了相关政策措施。

2. 各地方制定的城市轨道交通管理条例

根据有关法律、法规的规定，各地方人民代表大会或地方政府结合本地实际情况，制定了各地方的城市轨道交通管理条例（办法）。如 2002 年 5 月 21 日上海市第十一届人民代表大会常务委员会第三十九次会议通过的《上海市轨道交通管理条例》；广东省第十届人民代表大会常务委员会 2007 年 7 月 27 日表决通过的《广州市城市轨道交通管理条例》；大连市人民政府 2002 年 10 月 25 日颁布的《辽宁省大连市城市轨道交通管理办法》；2004 年 9 月 14 日重庆市人民政府第三十九次常务会议审议通过的《重庆市城市轨道交通管理办法》。

五、我国城市轨道交通安全法律法规、保障体系存在的问题

城市轨道交通安全的各项法律、法规是实现城市轨道交通建设、运营和管理法制化和规范化的基础，也是实现城市轨道交通安全、健康、持续发展的根本。由于我国城市轨道交通早期建设的规模较小，限于社会和经济条件，规范城市轨道交通运营的法律、法规体系仍存在以下一些问题。

1. 城市轨道交通安全法律、法规体系不够完善

当今世界，发达国家和地区在市场经济条件下城市轨道交通运营管理的法制化建设已经相当成熟和普遍，已经形成了系统性的与市场经济相适应的法律、法规体系。而我国很多城市的城市轨道交通运营管理带有随意性和盲目性，法制化建设滞后于近年来城市轨道交通的发展，城市轨道交通运营的发展无法得到法制化的保障。例如，有些城市轨道交通法规规定，在城市轨道交通的车站、车厢内不允许吃零食，而有些城市则没有此项规定，这种差异性就使得此项规定缺乏权威性和说服力，对城市轨道交通的依法管理会带来不利的影响。

2. 安全标准规范尚未形成完整体系

城市轨道交通行业安全标准的建立，对规范企业的安全运营起着至关重要的作用。建立城市轨道交通行业安全标准，既要考虑城市轨道交通行业可能达到的水平，更要充分考虑乘客和社会各界的期望值和认可度。如何制定统一的安全标准，确定事故分类、事故等级及其划分办法，进而形成完整的安全标准体系这都是我国城市轨道交通行业尚未解决的问题。

为控制检疫传染病通过交通工具及其乘运的人员、物资传播，防止检疫传染病流行，保障人体健康，国务院于1998年11月28日发布了《国内交通卫生检疫条例》。1999年9月16日，卫生部、铁道部、交通部民航总局联合发布了《国内交通卫生检疫条例实施方案》（卫疾控发〔1999〕第425号）。

SARS危机后，2003年5月9日国家出台了《突发公共卫生事件应急条例》，2006年1月8日，国务院颁布了《国家突发公共事件总体应急预案》和《国家突发公共卫生事件应急预案》，2011年1月8日，又对《突发公共卫生事件应急条例》进行了修订。

但交通运输特别是公共交通领域应对公共卫生事件，特别是由传染病引发的公共卫生事件而制定专项的传染性病毒交通运输行业应对解决方案依然缺失。

3. 城市轨道运营执法机制不够清晰

依法管理城市轨道是我国依法治国方略在城市轨道行业和领域的具体实践，也是城市轨道各种事务管理的重要手段，是各级政府部门针对城市轨道运营管理的最普遍、最直接的具体行政行为。

其一，目前我国政府部门已经颁布了一系列针对城市轨道运营的法律、法规，但是依

法行政、执法机制仍缺乏明确的、完整的实施机制，导致执法的实际操作常常流于形式；其二，实际执法中，执法者和被执法者法律意识淡薄也会影响到城轨运营执法的效果；其三，运营执法队伍建设滞后，执法人员的法律素质不高，执法为民的意识不强。导致执法不规范，行政不作为，甚至执法以利益为标准，严重损害了执法部门的形象。

4. 城市轨道相关法制宣传欠缺，公民的法律意识尚需培养

加强城市轨道相关法律、法规的普法宣传，是城市轨道法制化建设的有机组成部分。开展法制教育、普及城轨法律知识，在全社会形成社会秩序良好，人民安居乐业的良好法制环境是构建和谐社会、和谐城轨进程中不可或缺的重要环节。

通过切实推进普法规划的实施，在全社会形成遵纪守法的良好社会风气。在具体的普法工作中，注重以人为本，尊重和保障人权的宪法原则，增强普法工作时的亲和力、吸引力和感召力。讲究实效，避免形式主义，力求取得实实在在的宣传效果。

第三节　安全生产责任制

所谓安全生产责任制，就是依据安全生产的法律法规，按照“安全第一，预防为主，综合治理”的安全生产方针和“管理生产必须管安全”的原则建立的各级领导、职能部门、工程技术人员、岗位操作人员在劳动生产过程中对安全生产层层负责的制度。

一、安全生产责任制的要求

坚持“逐级负责、分工负责、系统负责、岗位负责”的原则，明确各级干部、各个部门、各个岗位在安全管理中的责任，形成权责分明、运作有序、互相支持、互相保证的安全责任体系，从而把安全责任落实到生产过程的每一个岗位和环节，形成一级抓一级，一级保证一级的安全生产责任制。

（1）严格按照国家关于安全生产的法律、法规和方针、政策，制订详尽周密的安全生产计划，层层落实全员安全生产责任制。

（2）认真研究安全生产重大问题，加强事故预防工作，定期向职工代表报告安全生产工作情况，接受群众监督。

（3）设置安全生产管理机构，配备安全生产管理人员，保持安全生产管理队伍的相对稳定。

（4）新建、改建、扩建、技术改造和引进的工程项目，要实行“三同时”，即“同时设计，同时施工，同时投入使用”，必须符合劳动安全卫生规程、规范和标准的要求。

（5）对特种设备和危险性大的工作场所进行定期检查，委托有资格的检测检验机构进行检验，接受安全生产监察部门的检查。

（6）及时报告重大事故隐患，加强对重大事故隐患和危险源的整改和监控工作，制定重大事故隐患治理方案、应急计划和监控措施，尽快消除重大事故隐患。

（7）生产设施、设备必须符合国家劳动安全卫生的有关要求，引进国外的设备、工艺及原材料，要有配套设施与保障技术，确保安全生产，防止职业危害。

（8）定期对员工进行安全生产教育，使他们树立安全生产意识，掌握安全生产技能。特种作业人员接受培训和考核，做到持证上岗。

（9）按规定使用劳动保护用品，加强生产过程中的个体安全防护，加强安全生产检查，减少伤亡事故和职业病发生。

二、城市轨道交通运营企业安全生产组织

城市轨道交通运营企业的安全管理体系由决策层、管理层、执行层 3 级组成。决策层由企业内部负责人横向联合成立安全生产委员会组成（公司领导班子成员担任委员会主任和副主任，各部门、中心主要负责人为成员）；管理层由公司安全部门和各职能部门分管安全的领导及专兼职安全员组成；执行层由各中心、班组（车站）分管安全的领导及兼职安全员组成。

城市轨道交通运营企业设立安全生产管理委员会，依照国家法律法规和企业的规章制度，对安全生产工作实施监督管理。各部（室）、中心负责职责范围内安全管理工作，建立、健全安全生产责任制度，完善安全生产条件，确保生产安全。

安全生产管理委员会设立办公室作为日常办事机构，具体工作地点设置在公司安全部门，负责企业安全生产的日常管理工作，对各部门及基层单位的安全生产负有检查、监督、指导、协调、服务等管理职能。

各部门、中心、车站、班组必须配备一名专（兼）职安全管理人员，协助领导负责本部门的日常安全生产管理工作。

企业工会要有专人分管安全生产和劳动保护工作。

三、城市轨道交通运营企业安全生产职责

1. 企业安全生产委员会的安全生产职责

（1）贯彻执行安全生产和劳动保护的法律、法规、方针、政策。

（2）贯彻执行上级有关安全生产和劳动保护工作的决定和部署。

（3）定期开会研究企业安全生产和劳动保护工作，制订计划并组织实施。

（4）组织、领导、协调各部门落实安全防范的各项措施，落实安全生产责任制。

（5）组织安全生产大检查，落实事故隐患的整改措施。

（6）研究解决企业安全生产的重大问题，并做出贯彻落实的决定。

（7）组织生产安全事故的调查分析，按“四不放过”的原则，制订整改措施，严肃认真处理。

（8）调查研究，总结经验，树立典型，表彰先进。

2. 企业负责人的安全生产职责

（1）负责组织建立健全本单位的安全生产责任制。

（2）负责组织制订本单位的安全生产规章制度和操作规程。

（3）负责组织本单位安全生产所需资金的有效投入。

（4）负责监督、检查本单位的安全生产工作，及时消除生产安全事故隐患。发生重大生产安全事故时，应立即组织抢救。

（5）负责组织制订并实施本单位的生产安全事故应急救援预案。

（6）及时、如实报告生产安全事故。

3. 安全职能部门的安全生产职责

（1）认真贯彻执行国家和各级政府有关安全生产的方针政策、法律法规、标准规程，在企业总经理的领导下，组织和推进企业的安全生产和劳动保护工作。

（2）建立健全企业的安全生产管理网络，做好安全基础管理工作。定期召开会议，分析研究安全生产和劳动保护工作，指导、帮助基层单位开展工作。

（3）制订和完善安全生产责任制，搞好监督检查，负责安全评比表彰工作。组织开展安全竞赛活动，推广安全管理的先进经验和安全技术。

（4）组织制订或修订安全管理制度、安全技术规程，制订预防伤亡事故和职业病的措施。

（5）督促有关部门做好安全装备及设施的使用、维修和保养工作。

（6）做好职工（含外聘员工）的安全教育和安全培训工作，组织开展各种安全宣传活动，与人力资源部配合，督促和协助有关部门做好特种作业人员的安全技术培训和考核，做到持证上岗。

（7）参加新建、改建、扩建和技术改造工程项目的“三同时”立项、可行性研究、初步设计审查、试车投产检查及竣工验收工作。

（8）根据国家规定，按照事故处理权限，组织或参与职工伤亡事故的调查处理，负责各类事故的汇总、统计及上报，建立健全事故档案，监督检查防止事故发生的措施的落实工作。

（9）督促检查有关部门及时做好特种设备（包括锅炉、压力容器、起重机械、厂内机动车辆、电梯、避雷设施等）的安全管理及检测检验工作。

（10）组织现场安全检查，督促解决安全生产中的问题和隐患，及时纠正违章指挥、违章作业和违反劳动纪律的行为。遇有危及安全生产的紧急情况有权责令其停止作业，并立即报告有关领导并作出处理。

（11）督促有关部门合理组织生产，执行国家规定的工时制，做好劳逸结合工作。

4. 部门负责人安全生产职责

（1）贯彻执行《中华人民共和国安全生产法》和有关安全生产法规、标准、规程及本制度。

（2）组织制订本部门安全生产管理制度及操作规程。在编制生产（工作）计划时，要同时编制安全技术措施计划，从人员、技术、物资、资金等方面，确保其按期实施。

（3）实施安全生产责任制。

（4）针对本部门安全生产特点，对员工进行安全生产宣传教育，增强员工的安全生产意识。

（5）定期开会研究本部门安全生产工作，及时解决安全生产中发现的问题和隐患。

（6）组织本部门安全生产检查，落实隐患整改措施。

（7）及时、如实报告本部门发生的生产安全事故。

（8）建立健全安全生产台账档案，按规定要求填报安全生产报表。

5. 工会安全生产职责

（1）对企业违反安全生产法律法规、不提供安全生产条件的，工会应当代表员工与企业交涉，要求企业采取措施予以改正。

（2）工会依照国家规定对新建、改建、扩建和技术改造工程中的安全设施与主体工程同时设计、同时施工、同时投入使用进行监督和验收。

（3）对企业发生违章指挥、强令员工冒险作业，或者生产过程中发现重大事故隐患时，工会有权提出解决问题的建议。

（4）发现危及员工生命安全情况时，工会有权向企业建议组织员工撤离危险现场，企业必须及时做出处理决定。

（5）参加涉及员工因工伤亡事故和其他严重危害员工健康问题的调查处理。

（6）工会对企业侵犯员工安全生产合法权益的问题进行调查，协调劳动关系，维护员工安全生产和劳动保护的合法权益。通过职代会和其他形式，组织员工参加安全生产的民主管理和民主监督，听取和反映员工的意见和建议，帮助解决存在的具体问题。

6. 站长（值班站长）安全生产职责

（1）认真贯彻执行国家有关安全生产的法规和企业安全规章制度。

（2）定期召开车站安全生产会议，研究、布置和检查车站的安全生产工作。

（3）落实各岗位安全生产责任制，经常对车站员工进行安全教育。

（4）运用广播电视、黑板报、宣传栏、警示、标语等形式，向乘客宣传文明、安全乘车的知识和规定。

（5）针对节假日、重大活动车站出现大客流时，要采取有效措施，控制客流，疏导乘客，保持畅通，确保安全。

（6）发现生产事故隐患及时整改，如一时不能解决，应及时上报。

（7）发生事故，要及时上报，并组织人员维持现场秩序，疏散乘客，抢救受伤人员。

（8）建立健全安全生产台账档案，按规定要求填报安全生产报表。

（9）定期向站务中心领导和有关职能部门汇报安全生产情况。

7. 班组长安全生产职责

（1）负责班组安全生产管理工作，组织开展安全生产竞赛，总结、交流安全生产经验。

（2）认真贯彻执行各项安全管理制度和操作规程，编制实施安全技术措施计划，不断改善劳动条件。

（3）班前班后做好每日的安全预想和总结，班组每周开展一次安全生产检查，落实生产事故隐患整改措施，使设备和各种安全装置始终处于良好的运行状态。

（4）定期开展安全教育活动，增强员工的安全意识。

（5）发生事故，要立即抢救受伤人员，并及时报告上级。

（6）做好班组的安全生产台账记录。

8. 专（兼）职安全人员安全生产职责

（1）宣传贯彻执行有关安全生产的法规和企业各项规章制度，协助部门领导开展安全管理工作。

（2）参与制订本部门安全生产制度和安全操作规程，检查落实安全生产责任制。

（3）对员工进行安全教育，增强员工的安全意识。

（4）开展安全生产检查，制止违章，落实生产事故隐患整改措施。

（5）组织特殊工种进行培训、复审、考核工作。

（6）负责特种设备的安全管理工作。

（7）做好安全生产台账的登记工作。

（8）参与生产安全事故的调查工作。

（9）组织安全生产工作的考评。

9. 员工安全生产职责

（1）严格执行企业安全生产规章制度，遵守劳动纪律，服从管理，正确佩戴和使用劳动防护用品，不违章作业并劝阻和制止他人违章作业。

（2）根据安全技术规程和工艺要求精心操作，各种生产纪录要准确、清楚、及时、完整可靠，正确分析、判断和处理事故。按时巡回检查，发现异常及时处理。

（3）接受安全生产教育和培训，掌握本职工作所需要的安全生产知识，提高安全生产技能，增强事故预防和应急处理能力。

（4）发现事故隐患或者其他不安全因素时，应立即向现场安全人员或者本单位负责人报告。

（5）发现直接危及人身安全的紧急情况时，可以停止作业或者在采取可能的应急措施后撤离作业场所。

（6）加强设备维护，经常保持作业场所整洁，搞好文明生产，妥善保管和正确使用各种保护用品和操作工具。

（7）了解本岗位及作业场所的危险因素、防范措施及事故应急措施，对本单位的安全生产工作提出建议。

（8）对本单位安全生产工作中存在的问题，可以提出批评、检举、控告，有权拒绝违章指挥和强令冒险作业。

第四节　安全技术保障体系

建立城市轨道安全技术保障体系是正确执行国家有关技术政策、标准、规程和城市轨道交通主要技术政策、为运营安全提供可靠的技术依据和技术措施，充分发挥科技是第一生产力的作用，不断吸收现代科技先进成果，促进运营安全管理科技含量日益提高。

安全技术保障体系主要通过改善生产流程工艺，改进生产设备以及增设安全防护设施来实现。城市轨道安全技术保障主要从两个方面着手：城市轨道安全硬件设备技术保障和城市轨道软技术保障的开发和应用。

一、安全硬技术设备保障体系

安全硬技术设备保障体系指对运营基础设施和安全技术设备的研制、试验、引进、装配、维护和安全质量管理等。城市轨道安全硬技术设备保障体系主要包括设备安全技术、安全监控系统、基于维修维护的安全检测系统、安全信息系统、安全预警系统。

1. 设备安全技术

随着社会的发展和科学技术的进步，现代技术已经渗透到各个领域，为城市轨道行业开发越来越安全的基础设备和越来越多的安全设备产品创造了有利的技术条件。城市轨道设备安全技术正朝着信息化、自动化、智能化方向发展，为提高城市轨道交通运输安全水平提供强有力的支持，极大地改善了城市轨道交通的安全状况。

目前城市轨道交通设备安全从设备本身设计入手，以系统化、自适应、自动控制为目标，从根本上解决城市轨道交通运营设备安全技术问题。自法国里尔无人驾驶地铁建成以来，多数新兴城市轨道各种设备和系统都具备自动化功能，减少人为因素的干扰和失误的发生。如列车运行自动控制系统（Automatic Train Control，ATC）具备了列车自动防护、列车自动运行、列车自动监控等功能，从设备层面为城市轨道交通运营提供安全的体系保障。

2. 安全监控系统

随着计算机信息技术和现代通信技术的发展，为城市轨道交通安全监控系统带来飞跃式的技术进步。目前在城市轨道交通运营中，对移动设备、固定设备、环境等状态以及运输对象完全实现实时的监控。有针对移动设备的监控系统，如在广州地铁一号线采用的车辆在线安全检测系统，运用微波技术、传感器技术、红外测温技术、声音信号分析技术及数据分析等技术，可以对城轨车辆的轮对踏面、轴承温度、车钩温度、走行部异响、受电弓异响、车号进行监控和识别。有针对固定设备的监控系统，如城市轨道交通机电设备平台建筑自动化系统（Building Automation System，BAS），可以对环控、电力、照明、电梯、屏蔽门等机电设备进行统一的管理和监控。有针对环境进行检测和监控的环控系统及对火警进行监控的火警防灾报警系统（Fire Alarm System，FAS）。有对站厅和站台状况及人员实施监控的 CCTV 系统等。

3. 安全检测系统

基于维护、维修移动设备和固定设备的各种安全检测系统为保证城市轨道交通运行安全、准点、平稳的运行提供了高效、科学的手段。

目前，在城市轨道交通采用的安全检测系统已经应用了近年来新近发展的技术，如测量隧道、转向架和钢轨等形变的激光光电技术，检测线路异常的图像处理技术，对测量结果进行统计分析的计算机技术，实时反馈设备状态的传感器检测技术，金属设备内部探伤的超声波探伤技术，用于隧道衬砌、线路病害以及地质情况检测的雷达无损检测技术等。这些技术的应用已经出现系统化、集成化、高效化的趋势，如大型轨道检测车，可以在高速行驶状态下保证钢轨探伤，隧道衬砌检测、接触网检测、限界检查等任务一次完成。

4. 安全信息系统

城市轨道交通对行车安全性要求非常高，基于城市轨道交通的信号、车辆、供电和环境等各种业务系统控制神经网络的信息系统不能出现任何的差错和中断，必须保证全天候提供服务，并具备足够的健壮性和适应性，所以安全的信息系统是保障城市轨道运营的基本设备基础。

5. 安全预警系统

随着科学技术的发展，人们越来越重视对危险信号的预警，在城市轨道交通中预警技术得到广泛的应用，保障了城市轨道整个运营系统的安全运行。

对电力、信号、环境等各种危险信号的预测与预警是被城市轨道交通安全应急预案确定的重要内容，各种隐患和事故苗头需要我们去监测、监督，将可能发生的灾害消灭在萌芽状态。特别是地铁火灾的早期预警，是关系到人员疏散和消防的关键时机能否被抓住的必要条件。

建立安全预警系统可以实现对各种重点关键设备的动态巡检，对重要消防节点的温度和烟雾监测，跟踪各采集点和受控系统状态指标，及时分析反馈数据，发现可能出现的事故并加以解决。

二、安全软技术保障体系

安全软技术保障体系包括与运营安全有关的各种操作办法、管理方法、运营安全基础理论及安全科学技术方法的研究和应用。

1. 安全基础理论

随着理论和实践的不断发展，自 20 世纪 70 年代以来发达国家充分认识到安全软技术基础理论研究的重要性。世界各国的交通工程专家对交通运营安全进行了广泛和深入的基础理论研究，围绕分析、评价、控制危险和应急几个方面探究运营安全的基本规律和基本特性。

2. 安全统计与分析

城市轨道交通安全调查统计主要是对城市轨道交通安全状况进行的统计研究活动，了解城市轨道交通的安全现状、查找隐患及预测发展态势、分析各种影响因素对运输安全的作用和相互关系、认识各种交通事故的本质和内在规律性。

城市轨道交通安全分析是从安全角度对城市轨道交通系统的危险因素进行分析，分析导致系统故障或事故的各种因素及其相关关系，目前城轨行业广泛应用的安全分析方法主要有统计图表分析、因果分析图、安全检查表、危险源分析、事件树分析、事故树分析等。

3. 安全评价方法

安全评价方法是采用系统工程原理和技术方法，对系统固有的危险因素进行定性和定量分析，得出系统发生危险的可能性及其后果严重性的评价，与评价标准进行比较，据此确定是否需要改进系统运行方式和提出防范措施，抑制和消除危险性，技术上是否可行、经济上是否合理以及系统是否达到国家或行业制定的安全标准。

交通运输企业中常用安全评价方法有安全检查表评价方法、作业条件危险性评价法、概率安全评价法及多指标安全综合评价法等。

4. 安全管理与操作规程

在我国，城市轨道交通目前处于大发展初期，安全管理和技术规程有待标准的统一和完善。随着我国城市轨道交通逐步进入健康、有序、快速的发展阶段，北京、上海、广州等特大城市已相继步入成熟的网络化、体系化运营阶段，城轨运营、建设及行业管理部门积极推出相关行业标准、技术标准、作业规程和规范等，对城市轨道建设和运营有着重要的指导意义。

各城市轨道企业根据自身特点也制定了相关的企业安全技术标准和运营方案。有针对部门的运作体制，如《车站运作规则》《OCC 应急处理程序》《车务安全应急处理程序》；有针对员工或岗位的工作规程和制度，如《员工安全行为守则》《职工伤亡事故处理规定》《客车司机手册》《行车调度手册》等；有针对具体业务的指导规程，如《行车组织规则》《运行图编制规则》《消防安全管理制度》《行车事故处理规则》等。

第五节　安全教育培训体系

完善的安全教育培训体系能够使安全教育更贴近和适应受教育者接受能力，使受教育者提高安全知识和安全意识。安全教育培训体系必须达到“五有”标准，即有完整的安全教育程序、有规范的安全教育培训教材、有适应于各层次人员的安全教育方法、有严密的安全教育考试标准、有显著的安全教育效果。通过安全教育可将因人造成的事故大幅度减少，为实现本质安全、事故为零的目标起到积极作用。安全教育应覆盖从企业主要负责人到一线普通员工各个层面。

一、对企业主要负责人的教育培训

1. 基本要求

企业主要负责人必须按照国家有关规定进行安全生产培训，经培训单位考核合格并取得安全培训合格证后方可任职。所有单位主要负责人应进行安全生产再培训。

2. 安全生产教育培训的主要内容

（1）国家安全生产方针、政策和有关安全生产的法律、法规及标准。

（2）安全生产管理基本知识、安全生产技术、安全生产专业知识。

（3）重大危险源管理、重大生产安全事故防范、应急管理和救援组织及事故调查处理的有关规定。

（4）职业危害及其预防措施。

（5）国内外的先进安全生产管理经验。

（6）典型生产安全事故和应急救援案例分析。

（7）其他需要培训的内容。

3. 安全生产再培训的主要内容

（1）有关安全生产的法律法规、规章、规程、标准和政策。

（2）安全生产的新技术、新知识。

（3）安全生产管理经验。

4. 培训时间

建筑施工单位主要负责人安全资格培训时间不得少于 48 学时，每年再培训时间不得少于 16 学时。其他单位主要负责人安全生产管理培训时间不得少于 32 学时，每年再培训时间不得少于 12 学时。

二、对安全生产管理人员的教育培训

1. 基本要求

建筑施工单位的安全生产管理人员必须经安全生产监督管理部门或法律、法规规定的有关主管部门考核合格并取得安全资格证书后方可任职。其他单位安全生产管理人员必须按照国家有关规定进行安全生产培训，经培训单位考核合格并取得安全培训合格证后方可任职。所有单位安全生产管理人员每年应进行安全生产再培训。

2. 安全生产教育培训的主要内容

（1）国家安全生产方针、政策和有关安全生产的法律法规及标准。

（2）安全生产管理、安全生产技术、职业卫生等知识。

（3）伤亡事故统计报告及职业危害的调查处理方法。

（4）应急管理、应急预案编制及应急处置的内容和要求。

（5）国内外的先进安全生产管理经验。

（6）典型生产安全事故和应急救援案例分析。

（7）其他需要培训的内容。

3. 安全生产再培训的主要内容

（1）有关安全生产的法律法规、规程和政策。

（2）安全生产的新技术、新知识。

（3）安全生产管理经验。

（4）典型生产安全事故案例。

4. 培训时间

危险物品生产、经营、储存单位及矿山、烟花爆竹生产单位、建筑施工单位的安全管理人员安全资格培训时间不得少于 48 学时，每年再培训时间不得少于 16 学时。其他企业的安全生产管理人员安全生产管理培训时间不得少于 32 学时，每年再培训时间不得少于 12 学时。

三、对特种作业人员的教育培训

（1）对特种作业人员的培训、考核和取证要求。特种作业人员上岗前必须进行专门的安全技术和操作技能的培训与考核，并经考核合格，取得《特种作业人员操作证》后方可上岗。特种作业人员的培训实行全国统一培训大纲、统一考核标准、统一证件制度，《特种作业人员操作证》由国家统一印制，地、市级以上行政主管部门负责签发，全国通用。特种作业人员安全技术考核包括安全技术理论考试与实际操作技能考核两部分，以实际操作技能考核为主。

（2）特种作业人员重新考核和证件的复审要求。离开特种作业岗位达 6 个月以上的特种作业人员，应当重新进行实际操作技能考核，经确认合格后方可上岗作业。取得《特种作业人员操作证》者，每两年进行 1 次复审。连续从事本工种 10 年以上的，经用人单位进行知识更新教育后，每 4 年复审 1 次。复审的内容包括健康检查、违章记录检查、安全新知识管理教育、本工种安全知识考试。未按期复审或复审不合格者，其操作证自行失效。

四、对企业其他从业人员的教育培训

生产经营单位其他从业人员是指除主要负责人和安全生产管理人员以外，该单位从事生产经营活动的所有人员，包括其他负责人、管理人员、技术人员和各岗位的工人，以及临时聘用的人员。

1. 对新从业人员

对新从业人员应进行公司级、车站（厂）级、班组级三级安全生产教育培训。

公司级安全教育培训的主要内容是：本公司安全生产情况及安全生产基本知识；公司安全生产规章制度和劳动纪律；从业人员的安全生产权利和义务；有关事故案例。

车站（厂）级安全生产教育培训的主要内容是：本车站（厂）安全生产状况和规章制度；工作环境及危险因素；所从事工种可能遭受的职业伤害和伤害事故，所从事工种的安全职责、操作技能及强制性标准；自救、互救、急救方法，疏散和现场紧急情况的处理；安全设备设施、工人防护用品的使用和维护；预防事故和职业危害的措施以及应注意的安全事项；有关事故案例；其他需要培训的内容。

班组级安全生产教育培训的主要内容是：岗位安全操作规程；岗位之间工作衔接配合的安全与职业卫生事项；有关事故案例；其他需要培训的内容。

新从业人员安全生产教育培训时间不得少于 24 学时，每年接受再培训的时间不得小于 20 学时。

2. 对调整工作岗位或离岗以后重新上岗的从业人员

从业人员调整岗位或离岗一年以上重新上岗时，应进行相应的车站（厂）级和班组级安全生产教育培训。脱离原岗位半年以上重新上岗时，须重新接受班组级安全教育培训。

企业实施新工艺、新技术或使用新设备、新材料时，应对从业人员进行有针对性的安全生产教育培训。

3. 经常性的安全培训

企业要确立终身教育的观念和全员培训的目标，对在岗的从业人员应进行经常性的安全生产教育培训。其主要内容是：安全生产新知识、新技术；安全生产法律法规；作业场所和工作岗位存在的危险因素、防范措施；有关事故案例等。

五、安全生产教育的形式和方法

安全生产教育的形式有：三级安全教育、特种作业人员安全教育训练、经常性的安全教育等。经常性的安全教育形式有：每天的班前班后会上说明安全注意事项，举办安全活动日、安全生产月、各类安全生产业务培训班，召开安全生产会议、事故现场分析会，张贴安全生产招贴画、宣传标语及标志，开展安全竞赛、安全考试、安全演讲等。

安全生产教育的方法有：课堂讲授法、实操演练法、案例研讨法、读书指导法、宣传娱乐法等。

思考题

1. 影响城市轨道交通运营安全的因素有哪些？试举例说明。

2. 我国城市轨道交通运营法律、法规存在哪些问题？

3. 什么叫安全生产责任制？城市轨道企业针对安全生产责任制如何做到组织机构保障的？

4. 举例说明城市轨道有哪些主要的安全硬技术保障技术。

5. 什么叫“三级教育”？“三级教育”主要培训哪些内容？

第三章

城市轨道交通事故的处理

【学习目标】

通过本章学习，能够运用国家及企业的相关条例对实际中所发生的事故进行分类；熟悉事故报告、调查、应急救援、处理的原则、程序与内容；掌握制订事故应急预案的基本方法；熟练掌握常见事故应急处理的基本程序与操作方法并具备一定的伤害急救常识和基本技能。

第一节　事故分类和构成条件

为了落实《中华人民共和国安全生产法》，贯彻“安全第一，预防为主”的方针，落实生产安全事故责任追究制度，必须及时正确处理各类运营事故（事件），以维护城市轨道交通正常运营秩序，全面提高安全运营管理水平。

一、基本概念

城市轨道交通运营安全事故广义上指的是城市轨道交通运营过程中产生的一切与城市轨道交通运营安全相关的事件；狭义上指的是城市轨道交通运营所造成的安全事故，即在运营生产过程中，凡因违反规章制度、违反劳动纪律、技术设备不良及其他原因，造成人员伤亡、设备损坏、经济损失、影响正常运营生产或危及运营生产安全的，均构成运营事故。这里是从广义城市轨道交通运营安全事故的角度加以讨论的。

二、事故分类和构成条件

从国家生产安全事故分类的大角度看，根据中华人民共和国国务院第 493 号令《生产安全事故报告和调查处理条例》，结合中华人民共和国国务院第 501 号令《铁路交通事故应急救援和调查处理条例》和各地方对城市轨道交通突发事件的分类，按照事故（事件）损失及对运营生产造成的影响和危害程度，可分为：特别重大事故、重大事故、较大事故、一般事故、险性事件、一般事件和事件苗头等 7 大类。

1. 特别重大事故构成条件

在运营生产中，造成下列后果之一的为特别重大事故：

（1）死亡（含失踪）30 人以上。

（2）重伤（包括急性工业中毒，下同）100 人以上。

（3）直接经济损失 1 亿元（人民币，下同）以上。

（4）一条或多条线路全线停运 48 h 以上。

2. 重大事故构成条件

在运营生产中，造成下列后果之一的为重大事故：

（1）死亡 10 人以上 30 人以下。

（2）重伤 50 人以上 100 人以下。

（3）直接经济损失 5 000 万元以上 1 亿元以下。

（4）一条或多条线路全线停运 24 h 以上 48 h 以下。

3. 较大事故构成条件

在运营生产中，造成下列后果之一的为较大事故：

（1）死亡 3 人以上 10 人以下。

（2）重伤 10 人以上 50 人以下。

（3）直接经济损失 1 000 万元以上 5 000 万元以下。

（4）一条或多条线路全线停运 12 h 以上 24 h 以下。

4. 一般事故构成条件

在运营生产中，造成下列后果之一的为一般事故：

（1）死亡 1 人以上 3 人以下。

（2）重伤 3 人以上 10 人以下。

（3）直接经济损在失 100 万元以上 1 000 万元以下的。

（4）一条或多条线路全线停运 6 h 以上 12 h 以下。

由于各城市在发展城市轨道交通时采用的设备、管理模式等有所不同，我国目前尚未制定城市轨道交通的统一标准和规范，各城市在城市轨道交通运营事故的分类，特别是对险性事故、一般事故、事故苗子的定性和分类有所不同，所以在此就不对险性事故、一般事故、事故苗子的构成条件予以列举，请大家在实际应用中根据各城市的具体情况加以区分和确定。

从城市轨道交通行业特点和运营特性的角度看，根据城市轨道交通运营组织过程、运营特性和城市轨道交通运营客运服务危险有害因素，结合国内外城市轨道交通运营多发事故案例实际情况，城市轨道交通运营安全事故也可分为：设备设施类事故、行车类事故、客运类事故、自然灾害类事故和其他人为性事故等 5 大类。

第二节　事故调查处理

发生运营事故（事件）时，要严格按“先通后复”的原则，快报告、快处理、快开通，积极采取措施，尽快抢救伤员，尽快恢复运营，尽量减少损失。在进行抢险救援的同时，事故调查处理相关工作也必须尽快启动。

一、事故报告

1. 事故（事件）汇报的原则

（1）迅速、准确、真实的原则。

（2）逐级报告的原则。

（3）内部、上级领导及协作单位并举的原则。

（4）行车控制中心是城市轨道交通运营单位的信息收发中心和通信联络中心，负责对信息的收集、整理、分析和处理。

2. 重要应急信息报告时间要求

特别重大事故、重大事故、较大事故、一般事故以及重大治安情况、火灾事故等重要的应急信息，事故现场有关人员应当立即向本单位负责人及相关安全管理部门报告，城市轨道交通运营单位应当于 1 h 内向事故发生地人民政府安全生产监督管理部门和负有安全生产监督管理职责的有关部门报告。

安全生产监督管理部门和负有安全生产监督管理职责的有关部门接到事故报告后，应当依照下列规定上报事故情况，并通知公安机关、劳动保障行政部门、工会和人民检察院。

（1）特别重大事故、重大事故逐级上报至国务院安全生产监督管理部门和负有安全生产监督管理职责的有关部门；

（2）较大事故逐级上报至省、自治区、直辖市人民政府安全生产监督管理部门和负有安全生产监督管理职责的有关部门。

（3）一般事故上报至设区的市级人民政府安全生产监督管理部门和负有安全生产监督管理职责的有关部门。

安全生产监督管理部门和负有安全生产监督管理职责的有关部门依照前款规定上报事故情况，应当同时报告本级人民政府。国务院安全生产监督管理部门和负有安全生产监督管理职责的有关部门以及省级人民政府接到发生特别重大事故、重大事故的报告后，应当立即报告国务院。必要时，安全生产监督管理部门和负有安全生产监督管理职责的有关部门可以越级上报事故情况。

安全生产监督管理部门和负有安全生产监督管理职责的有关部门逐级上报事故情况，每级上报的时间不得超过 2 h。

3. 事故报告的内容

（1）事故发生单位概况。

（2）事故发生的时间、地点以及事故现场情况。

（3）事故的简要经过。

（4）事故已经造成或者可能造成的伤亡人数（包括下落不明的人数）和初步估计的直接经济损失。

（5）已经采取的措施。

（6）其他应当报告的情况。

自事故发生之日起 30 日内，事故造成的伤亡人数发生变化的，应当及时补报。道路交通事故、火灾事故自发生之日起 7 日内，事故造成的伤亡人数发生变化的，应当及时补报。

二、事故的应急救援及现场保护

事故发生单位负责人接到事故报告后，应当立即启动事故相应的应急预案，或者采取有效措施，组织抢救，防止事故扩大，减少人员伤亡和财产损失。事故发生地有关地方人民政府、安全生产监督管理部门和负有安全生产监督管理职责的有关部门接到事故报告后，其负责人应当立即赶赴事故现场，组织事故救援。

事故发生后，有关单位和人员应当妥善保护事故现场以及相关证据，任何单位和个人不得破坏事故现场、毁灭相关证据。因抢救人员、防止事故扩大以及疏通交通等原因，需要移动事故现场物件的，应当做出标志，绘制现场简图并做出书面记录，妥善保存现场重要痕迹、物证。城市轨道交通运营单位安全管理机构应立即组织调查小组，重点做好以下工作：

（1）保护、勘查现场，详细检查车辆、线路及其他设备，做好调查记录。绘制现场示意图、摄影录像，如技术设备破损故障时，应保存其实物。

（2）若事发地点的线路破坏严重，无法检查线路质量，则应对地点前后不少于 50 m 的线路进行测量，以作为衡量事故（事件）地点线路质量的参考依据。

（3）对事故（事件）关系人员分别调查，由本人写出书面材料。

（4）检查有关技术文件的编制、填写情况，必要时将抄件附在调查记录内。

（5）提高警惕，注意是否有人为破坏的迹象。

（6）必要时召开调查会。

（7）根据调查结果，初步判定原因及责任，及时向上级部门汇报。

三、事故调查

处理事故（事件）要以事实为依据，以规章为准绳，按照“四不放过”原则（事故原因没有查清不放过，事故责任者没有严肃处理不放过，防范措施没有落实不放过，广大员工没有受到教育不放过）处理事故，认真调查分析，查明原因，分清责任，吸取教训，制定对策，防止同类事故（事件）再次发生。

1. 事故调查的组织

特别重大事故由国务院或者国务院授权有关部门组织事故调查组进行调查。

重大事故、较大事故、一般事故分别由事故发生地省级人民政府、设区的市级人民政府、县级人民政府负责调查。省级人民政府、设区的市级人民政府、县级人民政府可以直接组织事故调查组进行调查，也可以授权或者委托有关部门组织事故调查组进行调查。

未造成人员伤亡的一般事故，县级人民政府也可以委托事故发生单位组织事故调查组进行调查。

发生一般事故及以上事故的，可由城市轨道交通运营单位安全管理机构负责组织调查处理；若由上级部门组织调查处理的，由城市轨道交通运营单位安全管理机构负责组织相关配合工作。

险性事件由城市轨道交通运营单位安全管理部门负责组织调查处理；若上级部门组织调查处理的，由安全管理部门负责组织相关配合工作；若险性事件只涉及一个部门时，安全管理部门可以授权事件部门调查处理，安全管理部门负责监督。

一般事件、事件苗头由事故（事件）发生部门负责调查处理，并将处理情况报城市轨道交通运营单位安全管理部门备案。

2. 事故调查组的组成

事故调查组的组成应当遵循精简、效能的原则。根据事故的具体情况，事故调查组由有关人民政府、安全生产监督管理部门、负有安全生产监督管理职责的有关部门、监察机关、公安机关以及工会派人组成，并应当邀请人民检察院派人参加。

事故调查组可以聘请有关专家参与调查。事故调查组成员应当具有事故调查所需要的知识和专长，并与所调查的事故没有直接利害关系。

事故调查组组长由负责事故调查的人民政府指定。事故调查组组长主持事故调查组的工作。

3. 事故调查组的职责

（1）查明事故发生的经过、原因、人员伤亡情况及直接经济损失。

（2）认定事故的性质和事故责任。

（3）提出对事故责任者的处理建议。

（4）总结事故教训，提出防范和整改措施。

（5）提交事故调查报告。

四、事故调查报告

事故调查组应当自事故发生之日起 60 日内提交事故调查报告；特殊情况下，经负责事故调查的人民政府批准，提交事故调查报告的期限可以适当延长，但延长的期限最长不超过 60 日。

事故调查报告应当包括下列内容：

（1）事故发生单位概况。

（2）事故发生经过和事故救援情况。

（3）事故造成的人员伤亡和直接经济损失。

（4）事故发生的原因和事故性质。

（5）事故责任的认定以及对事故责任者的处理建议。

（6）事故防范和整改措施。

事故调查报告应当附具有关证据材料。事故调查组成员应当在事故调查报告上签名。事故调查报告报送负责事故调查的人民政府后，事故调查工作即告结束。事故调查的有关资料应当归档保存。

五、事故处理

对事故责任者，应根据事故性质和情节，予以批评教育、经济处罚、行政处分直至追究法律责任。事故性质、情节严重的，要按有关规定逐级追究领导责任。

重大事故、较大事故、一般事故，负责事故调查的人民政府应当自收到事故调查报告之日起 15 日内做出批复；特别重大事故，30 日内做出批复，特殊情况下，批复时间可以适当延长，但延长的时间最长不超过 30 日。

有关机关应当按照人民政府的批复，依照法律、行政法规规定的权限和程序，对事故发生单位和有关人员进行行政处罚，对负有事故责任的国家工作人员进行处分。

事故发生单位应当按照负责事故调查的人民政府的批复，对本单位负有事故责任的人员进行处理。负有事故责任的人员涉嫌犯罪的，依法追究刑事责任。

事故发生单位应当认真吸取事故教训，落实防范和整改措施，防止事故再次发生。防范和整改措施的落实情况应当接受工会和职工的监督。安全生产监督管理部门和负有安全生产监督管理职责的有关部门应当对事故发生单位落实防范和整改措施的情况进行监督检查。

事故处理的情况由负责事故调查的人民政府或者其授权的有关部门、机构向社会公布，依法应当保密的除外。

第三节　城市轨道交通应急救援

一、制定事故应急预案

根据我国有关法律、法规的要求，企业和各级政府都应针对重大危险源制定有效的应急预案。

《中华人民共和国安全生产法》第五章“应急救援和事故调查处理”中指出：事故应急救援预案、应急救援体系对发生事故后及时组织抢救、防止事故扩大、减少人员伤亡和财产损失具有十分重要的作用。其中第六十八条要求：县级以上地方各级人民政府应当组织有关部门制定本行政区域内特大生产安全应急救援预案，建立应急救援体系。

《城市轨道交通运营管理办法》第四章“应急管理”也有相关的要求，其中第二十四条明确指出：城市人民政府轨道交通主管部门应当会同有关部门制定处理突发事件的应急预案；城市轨道交通运营单位应当根据实际运营情况制定地震、火灾、浸水、停电、反恐、防爆等分专题的应急预案，建立应急救援组织，配备救援器材设备，并定期组织演练。当发生地震、火灾或者其他突发事件时，城市轨道交通运营单位和工作人员应当立即报警和疏散人员，并采取相应的紧急救援措施。

2006 年 1 月 8 日，国务院发布了《国家突发公共事件总体应急预案》，明确了各类突发公共事件的分级分类和预案框架体系，是指导预防和处置各类突发公共事件的规范性文件。随后，国务院又相继发布了《国家安全生产事故灾难应急预案》《国家处置城市地铁事故灾难应急预案》等共 9 个事故灾难类突发公共事件专项应急预案。其中，《国家处置城市地铁事故灾难应急预案》的目的是：做好城市地铁事故灾难的防范与处置工作，保证及时、有序、高效、妥善地处置城市地铁事故灾难，最大限度地减少人员伤亡和财产损失，维护社会稳定，支持和保障经济发展。

二、应急救援机制

在城市轨道交通系统中，可能会发生或存在多种潜在的事故类型，例如，大面积停电、火灾、水灾、地震、危险物质泄漏、恐怖袭击、行车事故等。此外，城市在开展各类大型活动时也可能出现重大客流紧急疏散情况。因此，在建设城市轨道交通应急救援体系时，就必须进行合理策划。既要做到突出重点，准确反映城市轨道交通的重大事故风险，又要合理地编制各类预案，避免各类预案间相互孤立、交叉和矛盾，从而使任何可能发生的事故局部化，尽可能地消除、减少事故造成的人员伤亡和财产损失，尽快恢复城市轨道交通的正常运营。

应急救援活动一般划分为应急准备、初级反应、扩大反应和应急恢复 4 个阶段。应急机制与这些应急活动密切相关。应急机制主要由统一指挥、分级响应、属地为主和公众动员 4 个基本机制组成。

1. 统一指挥

统一指挥是应急活动的最基本原则。应急指挥一般可分为集中指挥、现场指挥、场外指挥、场内指挥几种形式。无论采用哪一种指挥系统都必须实行统一指挥模式；无论应急救援活动涉及单位级别高低和隶属关系如何，都必须在救援指挥中心的统一组织协调下开展相关工作，使各参与单位既能充分发挥自己的作用，又能相互配合，提高整体效能。

2. 分级响应

分级响应是指在初级响应到扩大应急反应的过程中，根据事故的严重程度、发展趋势采取相匹配的应急预案。扩大或提高应急响应级别的主要依据是：事故灾难的危险程度，事故灾难的影响范围，事故灾难的控制事态能力。而事故灾难的控制事态能力是“升级”的最基本条件，扩大应急救援主要是提高指挥级别，扩大应急范围等。

3. 属地为主

属地为主是强调“第一反应”的思想，强化属地部门在应急救援体制管理工作中的主导作用，以提高应急救援工作的时效。

4. 公众动员

公众动员机制是应急机制的基础，也是最薄弱、最难以控制的环节，是当事故超出本单位的处置能力时，向本单位外寻求其他社会力量支援的一种方式。

三、应急救援的内容

安全生产是一项系统工程，需要从系统的整体性出发，科学地规划和设计。应急救援属于安全生产系统工程的一个组成部分，它包括以下主要内容。

1. 事故预防

许多事故的发生都是因为正常条件发生偏差而引起的，如能事先确定出某些特定条件及其潜在后果，就可利用相应手段减少事故的发生，或者减少事故对外界的影响，预防事故要比发生事故后再纠正重要得多。根据“安全第一，预防为主”的方针，在城市轨道交通新线设计及旧线改造中，必须设计必要的安全装置和设施，以提高城市轨道交通运营系统的安全程度。另外，事故预防工作也不可忽视操作规程、应急规程和管理策略的建立及其定期的职工培训和设备维护。

2. 应急预案的准备

应急预案的准备包括：预测任何可能出现的紧急事故类型及其影响程度；制订紧急状态下的反应措施；确保系统在紧急情况下，做到准备充分和通讯畅通，从而保证决策和反应过程有条不紊；救援人员应提前进行培训和演练；定期更新应急预案和重新评价其有效性。

3. 应急救援系统的组成

应急救援系统从功能上讲，可由应急指挥中心、事故现场指挥中心、后勤保障中心、媒体中心和信息管理中心五个运作中心组成。要做到快速、有序、高效地处理应急事故，需要应急救援系统中相互之间的协调努力。

4. 应急培训与演习

主要测试应急救援预案的充分程度、应急培训的有效性和员工的熟练程度、应急装置和设备供应的充分性，通过训练来识别和改正应急救援预案缺陷。

5. 应急救援行动

应急救援行动是在事故和灾害发生时，迅速调动并合理利用应急资源投入救援行动，针对事故灾害的具体情况，选择适当的应急对策和行动方案，从而能及时有效地进行应急救援行动，使伤害和损失降低到最低程度和最小范围，并在最短时间内控制事故。

6. 事故的恢复与善后处理

重大、大事故的恢复与善后处理包括事故现场清理、恢复期间的管理、事故调查、现场的警戒与安全、安全与应急系统的恢复、人员的救助、损失状况的评估、保险与索赔、相关数据收集、公共关系等。

四、应急预案的层次和文件体系

1. 应急预案的层次

城市轨道交通系统中可能发生的事故是多种多样的，对应急预案合理地划分层次，是将各种类型应急预案有机结合在一起的有效方法。

城市轨道交通事故灾害大致可分为安全事故、自然灾害、人为突发事件等 3 类。针对每一类灾害的具体措施可能千差万别，但其导致的后果和产生的影响却是大同小异的。这就意味着可以通过制订出一个基本的应急模式，由一个综合的标准化应急体系有效地应对不同类型危险所造成的共性影响。

城市轨道交通系统应急救援体系的总目标是控制事态发展、保障生命财产安全、恢复正常运营。可以针对不同事故的特点，如爆发速度、持续时间、范围和强度等，制定具有较强针对性的专项应急预案。为了保证各种类型预案之间的整体协调和层次清晰，实现共性和个性、通用性与专业性的结合，应采用分层次的综合应急预案。从保证预案文件体系的层次清晰及开放性角度考虑，可划分为三个层次，即综合预案、专项预案和现场预案。其结构如图 3.1 所示。

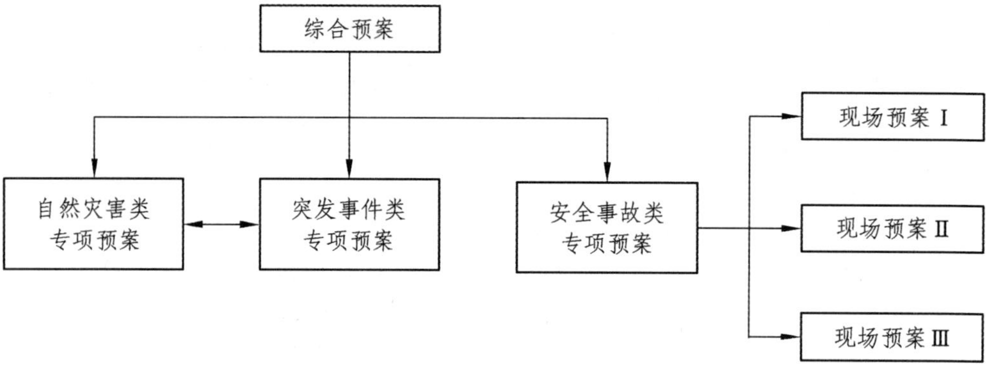

图 3.1 应急预案的层次

城市轨道交通运营应急预案一般有：特殊气象及自然灾害应急预案、控制中心应急处理程序、疫情爆发应急预案、应急信息报告程序、大面积停电应急预案、保卫应急预案、消防应急预案、机电设备（电梯、给排水、事故照明装置）应急处理措施及程序、供电专业抢修应急预案、工建专业应急预案、车辆专业应急处理办法、车务安全应急处理程序、接触网（轨）附近有异物的应急处理程序等，都属于专项预案和现场预案的范畴。

2. 应急预案的文件体系

从广义上来说，应急预案是一个由各级预案构成的文件体系。它不仅是应急预案本身，也包括针对某个特定的应急任务或功能所制订的工作程序等。一个完整应急预案的文件体系应包括预案、程序、指导书和记录，是一个 4 级文件体系。

第四节 常见事故应急处理

城市轨道交通系统作为一种大型载客交通工具，因设备故障或人为行为等因素，可能会发生突发事故。在发生突发事故后，有效的应急处理可以避免事故扩大并减少事故损失。下面简单介绍突发事故发生后的一些基本处理要点。

一、突发事故信息的报告

【案例 3-1】　2013 年 2 月 3 日，××地铁机场线 1090 次列车，20:29××站出发，以 A1 车为头。司机发现该车全列牵引无流，重新建立模式后故障消失。运行至百米标 003 处再次出现无牵引无制动现象，使用紧急按钮停车，重新建立模式后故障消失。继续运行至百米标 012 处再次出现无牵引无制动现象，20:41 接行调命令，列车原地等待救援不许动车，21:01 救援列车与故障列车连挂完毕，由××站下行站线推进至车库线，导致机场线运营一度中断。

事故发生在区间时，列车司机应立即报告行车调度。事故发生在车站或车厂内时，车站值班站长或车厂调度员应立即报告行车调度。

发生人员伤亡、火灾、爆炸、毒气袭击、聚众闹事、劫持人质及其他恐怖活动等事故，需要报告 119 火警、120 急救中心或 110 匪警时，由现场负责人或目击者在第一时间直接报告；如果无法直接报告，则应尽快向就近的车站或控制中心（车厂控制中心）报告。

二、乘客按压车厢内乘客报警按钮（DAB）的处理

1. 列车在区间运行中发生时

（1）司机维持列车进站，广播安抚乘客，报告行调或直接报告车站。无法报告时，列车进站开门后，由司机报告车站。

（2）车站接报后，值班站长亲自或立即安排员工到现场了解乘客按压报警按钮（DAB）的原因，并进行相应的处理。

（3）组织乘客上车，关闭车门，准备发车。

（4）司机确认站台岗“好了”信号，动车后报告行调。

2. 列车在站台停靠发生时

（1）司机保持列车车门打开，播放广播安抚乘客，报车站处理，并报告行调。

（2）车站接报后，值班站长亲自或立即安排员工到现场了解乘客按压报警按钮（DAB）的原因，并进行相应的处理。

（3）组织乘客上车，关闭车门，准备发车。

（4）司机确认站台岗“好了”信号，动车后报告行调。

三、接触网（轨）有异物的处理

（一）接触网（轨）有异物的处理原则

发现接触网（轨）有异物后，原则上以车站处理为主、专业人员处理优先，即由车站

组织进行现场处理，如供电专业或机电专业人员到达现场的，在事故处理主任的指挥下，由供电专业或机电专业人员具体负责处理。为此，发现接触网（轨）有异物时，应立即报告供电调度，通知事故处理主任、供电专业人员。

（二）接触网（轨）有异物的处理程序

1. 根据异物是否影响列车运行的情况分别处理

（1）若列车在站台停车，且异物不影响列车运行时，待本列车出清站台后再处理。

（2）若列车在站台停车，异物在前方进路上或列车顶上影响列车运行时，通知司机停车待令，处理异物后再发车。

（3）若异物在列车顶上无法处理时，通知司机限速 5 km/h 动车后再处理；若列车尚未进站时，立即按压紧急停车按钮，阻止列车进入站台。

2. 根据异物是否缠绕接触网的情况分别处理

事故处理主任到达现场后，根据异物是否缠绕接触网的情况，分需要停电及不需要停电的两种情况进行处理：

（1）若发现异物与接触网（轨）没有缠绕在一起时，按不需要停电的程序处理：

① 报告行车调度，申请不停电处理。

② 确认已按压紧急停车按钮，阻止后续列车进入站台。

③ 穿戴防护用品（绝缘靴、绝缘手套、荧光衣等）后，使用绝缘工具清除异物。有供电或机电专业人员在现场时，应在事故处理主任的指挥下，由供电或机电专业人员将异物清除。

④ 确认线路出清、恢复紧急停车按钮后，报告行调，恢复列车运行。

（2）若发现异物与接触网（轨）缠绕在一起时，按需要停电的程序处理：

① 报告行车调度，申请接触网（轨）停电（不挂地线）。

② 停电后，穿戴防护用品（绝缘靴、绝缘手套、荧光衣等）后，使用绝缘工具清除异物。有供电或机电专业人员在现场时，在事故处理主任的指挥下，由供电或机电专业人员清除异物。

③ 确认线路出清、恢复紧急停车按钮后，报告行调，恢复列车运行。

四、大面积停电的应急处理

【案例 3-2】 2007 年 10 月 23 日，××地铁×线突然停电，造成全线停运，1 300 人被困在地铁列车上。工作人员打开紧急逃生门疏散乘客，但一次只能通过一人，于是有乘客被困车厢约 2 h。之后，10 人因身体不适被送医院治疗。这次停电 30 min 后，部分列车恢复运行，但仍有部分区间列车停驶，直到 3 h 后才全部恢复。

这场停电事故总共导致该线 72 班地铁列车停驶，9.3 万人行程受到影响。事后经调查得知，由于变电所出现问题造成了此次停电。

城市轨道交通大面积停电，通常是指城市轨道交通系统整体或较大范围内电力供应中断，严重影响列车运行及乘客的正常出行。

城市轨道交通大面积停电的原因是不可预知的，因而其停电的范围和造成的影响也是无法预料的。因此，在应对大面积停电的时候，城市轨道交通运营企业应以“安全第一”为前提，在事故处理过程中坚持“统一指挥、快速反应、各司其职、密切配合”的原则，力争尽快修复故障、恢复正常运营，减少事故造成的影响范围。

城市轨道交通线路发生停电事故时，应沉着镇静，稳定乘客情绪，维持秩序，尽力保证乘客安全。控制中心根据停电影响情况，组织抢修抢险，发布列车停运、急救和车站关闭命令，并及时将灾情向上级报告。

（一）行车调度员的应急处理

大面积停电事故发生后，行车调度员应立即制订行车调整方案，并报值班主任批准。行车调度指挥工作要遵循“安全、稳定”的工作原则，在不受大面积停电影响的区域要尽可能维持正常运营，保证列车服务。在大面积停电区域要和故障抢修、车站工作、电客车司机等其他岗位工作人员密切配合，保证设备及时、顺利地得到抢修，乘客得以安全疏散。

在制订行车调整方案时，要综合考虑停电范围、行车间隔、线路情况、车辆状况等不同因素，做出最合适当前情况的行车安排。在一般情况下，主要有以下几种措施可供选择。

（1）小交路运行。在不受大面积影响的区域，充分利用区间渡线安排列车折返、维持小交路运行。

（2）分段运行。如果大面积停电事故发生在线路中部区域，可在不受影响的线路两端各自维持小交路运行。

（3）单线双向运行。如果只有一条线路供电受影响，可安排另外一条线路进行单线双向运行。在这种情况下，如果单向线路过长，势必影响列车运行效率。因此，可以分段分别进行单线双向运行，以提高行车效率。

（4）列车跳停。如果列车牵引供电未中断，而车站发生大面积停电，可在相应车站人员疏散完毕后进行闭站，通过车站的列车不再停站。

在行车调整过程中，行车调度员要将列车调整情况及时向车站通报，以便于车站妥善安排好客运组织工作。

（二）车站的应急处理

车站工作人员应加强检查紧急照明的启动情况，巡查各部位如电梯等是否有人被困，根据控制中心命令清站和关闭车站。

1. 车站人员的疏散

当车站动力供电中断影响到乘客的正常出行，或列车牵引供电中断造成停站的列车无法继续运行时，需要进行车站人员疏散。

车站各岗位工作人员可以按照以下方法进行工作：

（1）行车值班员。

① 报行调，通知值班站长及车站工作人员、公安。

② 向行调了解停电的原因及恢复时间。

③ 接到行调发布大面积停电、列车停运、车站关闭的命令后，立即通知值班站长。

④ 广播宣布执行大面积停电应急处理程序，反复广播指引乘客疏散。

⑤ 确认站内乘客疏散完毕后报告行调。

⑥ 接到恢复供电的通知后，通知各岗位做好恢复运营的准备。

⑦ 检查车控室设备情况，向行调报告车站运营准备工作，并向行调了解列车运行恢复情况，报告值班站长。

（2）值班站长。

① 确认大面积停电信息后，担任事故处理主任。

② 通知行车值班员广播宣布执行大面积停电应急处理程序。

③ 到站台指挥疏散，确认站台乘客疏散完毕后到站厅确认疏散情况。

④ 确认全站乘客疏散完毕后报车控室。

⑤ 组织关闭各出入口，安排员工检查电梯是否困人，做好车站巡视。

⑥ 到车控室收集各岗位处理情况，做好停运安排。

⑦ 接到恢复供电的通知后，指挥车站员工做好恢复运营的准备。

⑧ 接到恢复运营的通知后，确认车站投入正常运作。

（3）客运值班员。

① 收到执行大面积停电应急处理程序的通知后，带应急灯（或手电筒）到站厅疏散乘客出站。

② 确认疏散完毕后报车控室。

③ 组织厅巡到出入口张贴停止服务的告示，关闭出入口。

④ 与车控室保持联系，负责巡视出入口并做好解释。

⑤ 收到恢复供电的通知后，检查 AFC 设备、各种服务设备设施是否正常，并报车控室。

⑥ 接到恢复运营的通知后，组织撤除告示，打开出入口。

（4）售票员。

① 收到执行大面积停电应急处理程序的通知后，收好票款和车票，锁好票亭门。

② 打开闸机门和边门，用手提广播引导乘客疏散。

③ 车站乘客疏散完毕后，负责巡视站厅。

④ 收到恢复供电的通知后，回到票亭，检查票亭内设备情况，做好恢复运营的准备，并报车控室准备情况。

⑤ 接到恢复运营的通知后，恢复运营。

（5）厅巡岗。

① 收到执行大面积停电应急处理程序的通知后，打开闸机门和边门。

② 带应急灯（或手电筒）疏散乘客出站。

③ 确认站内乘客疏散完毕后，协助客运值班员关闭出入口，并张贴停止服务的告示。

④ 与车控室保持联系，负责巡视出入口并做好解释。

⑤ 收到恢复供电的通知后，检查 AFC 设备、各种服务设备设施是否正常，关闭边门，并报车控室。

⑥ 接到恢复运营的通知后，撤除停止服务的告示，打开出入口，引导乘客进站。

（6）站台岗。

① 收到执行大面积停电应急处理程序的通知后，立即疏散站台乘客（包括站台列车上的乘客）出站。

② 确认站台乘客疏散完毕后，报车控室，到站厅协助疏散。

③ 车站乘客疏散完毕后，与车控室保持联系，负责巡视站台。

④ 接到恢复供电的通知后，检查站台扶梯、屏蔽门等设备设施和线路情况，并报车控室。

⑤ 接到恢复运营的通知后，恢复正常运作。

2. 区间人员的疏散

当列车牵引供电中断造成列车在区间（隧道）无法运行并在短时间内无法恢复时，根据行车调度员“需要疏散区间列车上乘客”的通知，由值班站长列车携带应急灯（或手电筒）和客运值班员、厅巡到区间（隧道）配合司机组织列车上的乘客向车站疏散。

（三）司机的应急处理

列车司机尽可能维持列车进站停车，组织车上乘客向车站疏散。

如果列车在区间隧道内或高架线上停车，则利用列车广播安抚乘客，要求乘客不准擅自操作车上设备，关好、管好车门，严防乘客下车并立即报告行车调度，按行车调度指令操作；确认车站人员到达后，打开司机室通道门，引导乘客通过紧急逃生门疏散。

如列车停在平面宽阔的线路上，可打开车门疏散乘客。

（四）地面交通接驳

如果大面积停电发生在客流高峰时段，影响范围广且短时间内不易恢复时，为及时将城市轨道交通乘客转移到目的地，减轻车站压力，应及时启动地面交通接驳方案，联系城市客运管理部门，安排公交车和出租车进行支援。

在与公交客管部门进行联系时，应当说明城市轨道交通车站出入口的位置、预计疏散的乘客人数，以及需要接驳的公交车（出租车）数量。

五、火灾的应急处理

【案例 3–3】 2005 年 8 月 26 日上午 7:27，××地铁 2 号线一列内环列车运行至××站发生火灾，由于车站及司机处理得当，未造成人员伤亡。经事后勘察调查，火灾原因为：列车排风扇电路老化短路引起。

城市轨道交通大部分运行于车站和隧道构成的相对封闭的空间内,人和设备高度密集。在这种特殊的环境中，一旦发生火灾事故，其危害将是极其严重的。而且城市轨道交通发生火灾后，往往人员疏散困难、救援难度大、通信系统容易瘫痪。所以，必须正确及时地处理火灾事故，从而使火灾事故损失降到最低。

1. 车站火灾的处理措施

（1）车站立即向乘客广播发生火灾情况，暂停列车服务，并指引乘客迅速有序地进行疏散，撤离车站。同时，立即向控制中心报告，视火灾情况报 119 和 120。

（2）车站立即组织人员进行灭火和关闭各类电扶梯，开启环控系统火灾模式，进出闸机设置为紧急疏散模式，救助受伤的乘客。

（3）列车司机接到车站火灾的通知后，听从行车调度指挥，如行车调度命令通过该站时，应利用列车广播，说明不停车通过前方站的原因，安抚车内乘客。

（4）控制中心接到报告后，立即执行列车火灾应急程序，命令后续列车不得进入火灾车站，保持与司机和车站的联系，并视情况报 119 和 120。

2. 列车在站台发生火灾时的处理措施

（1）司机开启列车全部车门（屏蔽门），并通过列车广播引导乘客疏散和使用列车的灭火器进行灭火自救，确认火灾位置后向车站和控制中心汇报。

（2）车站接到报告后，立即广播通知站内候车乘客列车发生火灾情况，暂停列车服务，组织站内候车乘客迅速向站外疏散。同时，组织人员进行灭火、开启环控系统火灾模式和引导列车上的乘客有序进行疏散，并视火灾情况报 119 和 120。

（3）控制中心接报后，立即执行列车火灾应急程序，控制好列车间的距离，保持与司机和车站的联系，并视火灾情况报 119 和 120。

3. 列车在区间（隧道）发生火灾时的处理措施

（1）如车内火势不大，司机可降低速度保持列车运行至前方车站后，开门疏散乘客。在运行途中通过列车广播安抚乘客，防止乘客因惊慌拥挤、踩踏。引导乘客使用车厢内的灭火器进行灭火自救，并确认火灾位置向车站和控制中心报告。

（2）如列车在区间（隧道）不能运行或车内火势很大，司机应立即通过列车广播安抚乘客，提醒乘客保持镇定，并将列车位置及现场情况报告控制中心及就近车站；确认疏散方向，打开列车的逃生装置，引导乘客有序地向就近的车站疏散。

（3）车站接到报告后，立即开启环控系统隧道火灾模式，广播通知站内乘客列车发生火灾情况，引导站内候车乘客进行紧急疏散，并安排人员前往事故地点，协助司机组织列车内乘客疏散。

（4）控制中心接到报告后，立即执行列车火灾应急程序，命令车站禁止向该区间发车，通知后续列车司机发生火灾地点，控制好列车间隔距离，保持与司机和车站的联系，并视火灾情况报 119 和 120。

六、城轨车站发生劫持人质的应急处理

当车站员工或乘客在站厅、站台被劫持时，应贯彻“救人第一，保证人质安全和保护公司财产同步进行”的原则，积极采取营救措施。及时疏散人员，避免人员伤亡，减小对运营的影响。一般可按以下程序进行：

（1）车站车控室接到员工或乘客被劫持的报告后，确认站内无停留列车时，车站行车值班员应立即按压上、下行紧急停车按钮。

（2）行车值班员立即报告行车调度车站发生员工或乘客被歹徒劫持事件，请求暂时封锁车站，通知车站值班站长，并报告公安部门。

（3）行车值班员广播通知站厅、站台和设备房区域车站所有员工，站台（或站厅）发生员工或乘客被劫持事件，并宣布执行紧急疏散计划。

（4）值班站长担任事件处理主任，组织车站工作人员引导乘客从劫持现场的另一端疏散出站，尽可能地稳定歹徒情绪，并安抚被劫持员工或乘客冷静，不要刺激歹徒的情绪，以免歹徒采取进一步的过激行动。

（5）公安人员到达现场后，车站所有工作人员应配合公安人员进行处理。

（6）在区间运行中的列车司机，接到行车调度“××车站发生员工或乘客被劫持”事件的通知后，按行车调度命令行车。如行车调度命令通过前方站时，应向乘客广播告知前方站通过的原因，做好安抚工作。

（7）相邻车站接到邻站发生员工或乘客被劫持事件的通知后，对到达列车或即将到达列车按行车调度命令做好行车组织工作；按其指令准备好本站的支援人员，严密注视隧道内的动态。

七、特殊气象应急预案分类及处理

【案例 3-4】 2001 年 9 月 17 日，受台风的影响，××市大部分地区遭受水淹，交通瘫痪。多条地铁线路因遭受水淹而停运 6 个月，造成数十万人交通不便。

【案例 3-5】 2021 年 7 月 20 日下午 4 点起，中原××市突降罕见特大暴雨，造成该市地铁 5 号线××停车场及其周边区域发生严重积水现象。下午 6 点许，积水冲垮出入场挡水墙进入正线区间，造成地铁 5 号线一列车在××口站——××站区间迫停，500 余名乘客被困。

在地铁员工、应急救援队、公安干警、解放军指战员、义务救援队及热心乘客的共同努力下，共解救乘客 500 余名，但仍有 12 名乘客经抢救无效不幸罹难。

特殊气象是城市轨道交通不可避免的现实问题之一。国内外因为特殊气象给城市轨道交通造成影响的案例屡见不鲜。能够准确判定特殊气象的种类和级别，针对不同的特殊气象采取不同的应对措施，对于减少特殊气象给城市轨道交通带来的影响，保证城市轨道交通安全运行具有十分重要的意义。

1. 特殊气象应急预案分类

根据特殊气象对城市轨道交通运营的影响，应急预案分为以下 6 个类别：

（1）台风、雷雨大风（含龙卷风）应急预案。

（2）暴雨应急预案。

（3）高温应急预案。

（4）大雾、灰霾应急预案。

（5）冰雹、道路结冰应急预案。

（6）寒冷应急预案。

2. 特殊气象应急预案启动原则

（1）特殊气象以当地气象台发布的上述 6 种气象预警信号为准。

（2）当某地区气象台发布相应的特殊气象预警信号后，由城市轨道交通控制中心下达命令，在受影响的线路范围内启动相应的特殊气象应急预案。

3. 相应的特殊气象应急预案解除原则

只有在满足以下两个条件后，城市轨道交通控制中心才可以解除相应的突发气象灾害应急预案，并向下令有关领导汇报：

（1）当地气象台解除相应的台风和雷雨大风、暴雨、高温、大雾和灰霾、冰雹和道路结冰及寒冷气象预警信号后。

（2）控制中心确认受相应的特殊气象影响的设备已全部恢复正常。

4. 应急预案启动及解除程序

（1）启动程序。当需要停止某段线路运营时，控制中心向城市轨道交通运营单位负责人汇报，由负责人下令启动。因特殊情况联系不上时，分别依次由分管安全、行车组织的副职下令启动。

（2）解除程序。当达到恢复某段线路运营条件时，控制中心向城市轨道交通运营单位负责人汇报，由负责人下令恢复。因特殊情况联系不上时，分别依次由分管安全、行车组织的副职下令。

（3）恢复因台风、雷雨大风停运高架或地面路段恢复行车的程序：

① 恢复行车的条件。接到气象台取消橙色信号及在过去 1 h 内监测到的最高风速低于 74 km/h（8 级）。

② 组织检查线路设备。恢复高架路段行车前，首先，组织空客车或工程车限速 25 km/h 进行线路检查。其次，安排专业维修人员跟车检查相关设备设施。

③ 恢复运营。确认具备开通条件后，方可恢复正常运营服务。

八、突发大客流应急处理

大客流是指车站的现实乘客人数远远大于正常情况下的人数，客流超过车站正常客流设备设施或客运组织所能承担客流量的情况。主要表现为：非常拥挤或极度拥挤、乘客流动速度明显减缓、客流交叉干扰严重、对乘客正常的出行造成不利影响、对运营安全造成威胁。

根据大客流产生的影响和后果不同，大客流分为一级大客流和二级大客流两个等级。

① 一级大客流：在这种情况下，乘客的正常出行和城市轨道交通所提供的服务水平受到一定程度的影响，车站比较拥挤，乘客感觉比较压抑，但尚未对乘客及城市轨道交通运营安全造成影响。其判定标准是：站台聚集人数达到站台有效区域的 70%，并有不断持续上升的趋势。

② 二级大客流：在这种情况下，已经给乘客和城市轨道交通运营安全造成影响，存在明显的安全隐患。其判定标准是：站台聚集人数已达到（或大于）站台有效区域的 90%，并且持续时间大于实际行车间隔时间。

发生突发大客流后，车站客运组织应根据大客流的实际情况和严重程度，采用“站台、站厅、出入口”逐级控制的方法，达到控制客流，保证乘客安全的目的。

（1）车站应及时了解产生突发性大客流的原因、规模、可能持续的时间，以及车站现有可支配人员。如车站现有人员无法应付突发性客流组织的需要时，值班站长应组织驻站人员参与客流控制，同时通知公安，报告行调并提出支援请求。

（2）利用广播系统做好乘客宣传引导，及时组织人员维持秩序，避免拥挤，防止发生踩踏事故。理顺购票队伍，增设兑零点，对乘客做好疏导、服务工作。

（3）站台拥挤时，立即安排人员到站台维持候车秩序，利用广播提醒乘客注意安全。当列车进站时，应加强对站台乘客候车动态及站台屏蔽门工作状态的监控，防止上下车乘客拥挤，延误列车停站时间。开车前应确认乘客上下完毕后方可关闭车门。

（4）按照由下至上、由内至外的原则，在车站出入口、入闸机组、站厅与站台的楼梯/扶梯处进行三级客流控制，防止站厅、站台拥挤。

（5）当客车运行故障，造成客车始发、到达晚点，车站乘客拥挤时，车站应及时通知公安协助，做好乘客广播（解释和引导）。售票员及厅巡员分别在出入口、票亭及进闸机前摆放立柱告示，告知购票进闸的乘客列车延误信息，同时做好退票和公交接驳的工作准备。

（6）由于特殊气象（如暴雨）导致突发性大客流时，车站及时做好滞留在车站及出入口乘客的疏散，及时启动有关应急处理程序（预案），必要时请求公安配合，并调集站务、机电、保洁等所有驻站的工作人员做好抗灾准备。

九、客车脱轨应急处理程序

【案例 3-6】 2013 年 1 月 8 日上午，××轨道公司地铁运营分公司司机陈××、李××担任 00755 次列车（0113 号车）值班司机，由大学城南站开往晓东村站。9:09 列车行至春融街站至斗南站上行区间百米标 DK30 + 905 m 处时，与轨道左侧侵限防火门体发生碰轧，司机陈××立即采取制动措施，列车滑行后第一辆车第一转向架左侧车轮脱轨，脱轨侵限的第一节车厢车头左侧与该处第一扇人防门门框发生侧面碰撞后，列车车头弹起与第二扇人防门上侧门框发生碰擦，造成驾驶室车顶上方通风单元坠落，砸在司机李××的身上，造成司机李××死亡和陈××受轻伤。

经事故调查组脱轨事故进行调查后，确认造成此次事故的直接原因是：高架与地下隧道过渡段处防火门坠落，侵入行车线路限界，是导致这起调试列车脱轨的直接原因；防火门坠落的原因是施工单位没有严格按照施工规范要求进行安装造成的。

发生列车脱轨事故后，可按以下程序和办法处理：

（1）客车脱轨后，司机应立刻报告行车调度和控制中心。控制中心接报后应立即扣停开往受影响区域的列车，命令已进入该区间的列车立即停车，有条件时可组织其退回车站。

（2）电力调度做好关闭脱轨区段的牵引电流和挂接地线的准备。

（3）车辆检修调度接行调通知后，立即命令车辆起复救援队赶赴事故地点进行客车救援起复。控制中心立即启动应急公交接驳预案。

（4）车站接命令后，值班站长担任事故处理主任，组织脱轨客车乘客疏散；暂停受影响方向的乘客服务，加强广播宣传。事故客车清客完毕后向行车调度汇报。确认具备停电条件后，控制中心组织停电。

（5）控制中心根据受影响区域情况组织好抢修期间的客车降级运营工作（小交路运营）。

（6）车辆起复救援队到达车站后向车站报到。起复救援队根据车站指示开始下轨道进行客车起复。起复后检查车辆状况，确认线路出清后向车站提出动车方案。

（7）起复后，必须执行以下的工作：

① 事故处理主任确认接地线拆除和线路出清后，报告控制中心通知电力调度送电，做好恢复运营的准备工作。

② 控制中心应组织一列空客车或工程车前往救援，连挂脱轨列车限速 25 km/h 运行进入就近的存车线，待运营结束后再安排事故列车回厂检修。

（8）确认恢复运营条件后，发布调度命令，全线列车恢复正常运营，必要时组织备用客车上线服务。

第五节　伤害急救常识

在实际生产活动中，常常会发生一些人身伤害事故，城市轨道交通系统也不例外。发生事故后现场急救对抢救伤者非常关键，如果现场急救正确及时，不仅可以争取抢救时间，减轻受伤者的痛苦，挽救人的生命，而且可以降低事故的严重程度。

一、机械伤害急救

机械伤害造成的受伤部位可能遍及全身各个部位，有些机械伤害会造成人体多处受伤，后果非常严重。

1. 机械伤害急救基本要点

（1）发生机械伤害事故后，现场人员要保持冷静，迅速对受伤者进行检查。

意外伤害发生后，在接受专业医师治疗之前，一定要依照正确的医学理论，采用准确的医疗方法，给予伤者适当的应急处置。才能达到赢得时间、减少伤残、挽救生命的目的。

首先，现场人员不要被事故现场混乱的场面和危急的情况所干扰。沉着镇静地观察伤者的病情，在短时间内做出伤情判断，本着先抢救生命后减少伤残的急救原则首先对伤者的生命体征进行观察判断，包括意识、呼吸、脉搏、心跳、瞳孔、血压等（但在急救现场一般无条件测量），然后再检查局部有无创伤、出血、骨折畸形等变化。其具体检查顺序如下：

① 意识：意识是否清醒是指伤员对外界的刺激是否有反应。如伤员对问话、推动等外界刺激毫无反应称为意识不清或消失，预示着病情严重；如伤员意识清醒应尽量记下伤员的姓名、住址、受伤时间和经过等情况。

② 呼吸：正常呼吸运动是通过神经中枢调节规律的运动。正常人每分钟呼吸 15 ~ 20 次。观察病人胸口的起伏，可了解有无呼吸。症情危重时出现鼻翼翕动，口唇紫绀，张口呼吸困难的表现，并有呼吸频率、深度、节律的异常，甚至时有时无。此时可用一薄纸片或棉花丝放在鼻孔前，观察其是否随呼吸来回摆动判断呼吸是否停止，并根据具体情况判断呼吸停止的主要原因。

③ 脉搏：动脉血管随着心脏节律性的收缩和舒张引起血管壁相应地出现扩张和回缩的搏动。手腕部的桡动脉、颈部的颈动脉、大腿根部的股动脉是最容易触摸到脉搏跳动的地方。正常成年人心率为 60 ~ 100 次/min，大多数为 60 ~ 80 次/min，女性稍快。一般以手指触摸脉搏即可知道心跳次数。对于危重病人无法摸清脉搏时，可将耳紧贴伤员左胸壁听心跳。

④ 心跳：是指心脏节律性的收缩和舒张引起的跳动。心脏跳动是生命存在的主要征象，将耳紧贴伤员左胸壁可听到心跳。当有危及生命的情况发生时，心跳将发生显著变化，无法听清甚至停止，此时应立即对伤员进行心肺复苏抢救。

⑤ 瞳孔：正常人两眼的瞳孔等大等圆，在光照下迅速缩小。对于有颅脑损伤或病情危重的伤员，两侧瞳孔可呈现一大一小或散大的状态，并对光线刺激无反应或反应迟钝。经过上述检查后，基本可判断伤员是否有生命危险，如有危险则立即进行心、脑、肺的复苏抢救。如无危险则对伤员进行包扎、止血、固定等治疗。

（2）迅速拨打急救电话，向医疗救护单位求援。

拨打急救电话时，要注意以下问题：

① 在电话中应讲清伤员的确切地点、联系方法（如电话号码）、行驶路线。

② 简要说明伤员的受伤情况、症状等，并询问清楚在救护车到来之前，应该做哪些救护工作。

③ 派人到路口准备迎候救护人员。

（3）在急救车到达之前，现场可以进行一些简单的现场急救。

现场急救应遵循“先救命、后救肢”的原则，优先处理颅脑伤、胸伤、肝、脾破裂等危及生命的内脏伤，然后处理肢体出血、骨折等。

① 迅速使伤员脱离危险场地。

② 保持伤者呼吸畅通。检查伤者呼吸道是否被舌头、分泌物或其他异物堵塞。

③ 如果呼吸已经停止，立即实施人工呼吸。

④ 如果脉搏不存在，心脏停止跳动，立即进行心肺复苏。

⑤ 如果伤者出血，进行必要的止血及包扎。

⑥ 让患者平卧并保持安静，如有呕吐，同时无颈部骨折时，应将其头部侧向一边以防止噎塞。

⑦ 施救人员既要安慰患者，自己也应尽量保持镇静，以消除患者的恐惧。

⑧ 不要给昏迷或半昏迷者喝水，以防液体进入呼吸道而导致窒息，也不要用拍击或摇动的方式试图唤醒昏迷者。

⑨ 如果附近有医院，可以迅速将伤员送往医院。大多数伤员可以抬送医院，但对于颈部背部严重受损者要慎重，以防止其进一步受伤。

（4）专业救护人员到达后，协助医护人员抢救伤员。

2. 现场急救技术

（1）人工呼吸。

口对口（鼻）吹气法是现场急救中采用最多的一种方法，可按以下步骤进行：

① 将伤员放在通风良好、空气新鲜、气温适宜的地方，解开伤员的衣领、裤带、内衣及乳罩，清除口鼻分泌物、呕吐物及其他杂物，保证呼吸道畅通。

② 使伤员仰卧，施救人员位于其头部一侧，捏住伤员的鼻孔，深吸气后，将自己的嘴紧贴伤员的嘴吹入气体。之后，离开伤员的嘴，放开鼻孔，以一手压伤员胸部，助其呼出体内气体。如此，有节律地反复进行，每分钟进行 15 次。吹气时不要用力过度，以免造成伤员肺泡破裂。

③ 吹气时，应配合对伤员进行胸外心脏按压。一般地，吹 1 次气后，做 4 次心脏按压。

（2）心肺复苏。

胸外心脏按压是心脏复苏的主要方法，它是通过压迫胸骨，对心脏给予间接按摩，使心脏排出血液，参与血液循环，以恢复心脏的自主跳动。其具体操作方法是：

① 让伤员仰卧在平整的地面或木板上。

② 施救人员位于伤员一侧，双手重叠放在伤员胸部两乳正中间处，用力向下挤压胸骨，使胸骨下陷 3 ~ 4 cm，然后迅速放松，放松时手不离开胸部。如此反复有节律地进行。其按摩速度为 60 ~ 80 次/min。

胸外心脏按压时的注意事项：

- 胸部严重损伤、肋骨骨折、气胸或心包填塞的伤员，不应采用此法。
- 胸外心脏按压应与人工呼吸配合进行。
- 按摩时，用力要均匀，力量大小看伤员的身体及胸部情况而定；按压时，手臂不要弯曲，用力不要过猛，以免使伤员肋骨骨折。
- 随时观察伤员情况，做出相应的处理。

（3）止血。当伤员身体有外伤出血现象时，应及时采取止血措施。常用的止血方法有以下几种：

① 伤口加压法。

这种方法主要适用于出血量不太大的一般伤口，通过对伤口的加压和包扎，减少出血，让血液凝固。其具体做法是如果伤口处如果没有异物，则用干净的纱布、布块、手绢、绷带等物或直接用手紧压伤口止血；如果出血较多时，可以用纱布、毛巾等柔软物垫在伤口上，再用绷带包扎以增加压力，达到止血的目的。

② 手压止血法。

临时用手指或手掌压迫伤口靠近心端的动脉，将动脉压向深部的骨头上，阻断血液的流通，从而达到临时止血的目的。这种方法通常是在急救中和其他止血方法配合使用，其关键是要掌握身体各部位血管止血的压迫点。

手压法仅限于无法止住伤口出血，或准备敷料包扎伤口的时候。施压时间切勿超过 15 min。如施压过久，肢体组织可能因缺氧而损坏，以致不能康复，继而还可能需要截肢。

③ 止血带法。

这种方法适合于四肢伤口大量出血时使用。主要有布止血带绞紧止血、布止血带加垫止血、橡皮止血带止血 3 种方法。使用止血带法止血时，绑扎松紧要适宜，以停止出血、远端不能摸到脉搏为好。使用止血带的时间越短越好，最长不宜超过 3 h。并在此时间内每隔半小时（寒冷天气）或 1 h 慢慢解开，放松 1 次。每次放松 1～2 min，放松时可用指压法暂时止血。不到万不得已时不要轻易使用止血带，因为上好止血带能把远端肢体的全部血流阻断，造成组织缺血，时间过长会引起肢体坏死。

（4）搬运转送。

转送是危重伤病员经过现场急救后由救护人员安全送往医院的过程，是现场急救过程中的重要环节。因此，必须寻找合适的担架，准备必要的途中急救力量和器材，尽可能调度速度快、振动小的运输工具。同时，应注意掌握各种伤病员搬运方式的不同：

① 上肢骨折的伤员托住固定伤肢后，可让其自行行走。

② 下肢骨折用担架抬送。

③ 脊柱骨折伤员，用硬板或其他宽布带将伤员绑在担架上。

④ 昏迷病人，头部可稍垫高并转向一侧，以免呕吐物吸入气管。

二、触电伤害急救

触电事故往往是在一瞬间发生的，情况危急，不得有半点迟疑，时间就是生命。人体触电后，有的虽然心跳、呼吸停止了，但可能属于濒死或临床死亡，如果抢救正确及时，一般可以救活。触电者的生命能否获救，其关键在于能否迅速脱离电源和进行正确的紧急救护。

1. 脱离电源

当人发生触电后，首先要使触电者脱离电源，这是对触电者进行急救的关键。但在触电者未脱离电源前急救人员不准用手直接拉触电者，以防急救人员触电。为了使触电者脱离电源，急救人员应根据现场条件果断地采取适当的方法和措施。脱离电源的方法和措施一般有以下几种。

（1）低压触电脱离电源。

① 在低压触电附近有电源开关或插头，应立即将开关拉开或插头拔脱，以切断电源。

② 如电源开关离触电地点较远，可用绝缘工具将电线切断，但必须切断电源侧电线，并应防止被切断的电线误触他人。

③ 当带电低压导线落在触电者身上时，可用绝缘物体将导线移开，使触电者脱离电源。但不允许用任何金属棒或潮湿的物体去移动导线，以防急救者触电。

④ 若触电者的衣服是干燥的，急救者可用随身干燥衣服、干围巾等将自己的手严格包裹，然后用包裹的手拉触电者干燥衣服，或用急救者的干燥衣物结在一起，拖拉触电者，使触电者脱离电源。

⑤ 若触电者离地距离较大，应防止切断电源后触电者从高处摔下造成外伤。

（2）高压触电脱离电源。

当发生高压触电时，应迅速切断电源开关；如无法切断电源开关，应使用适合该电压等级的绝缘工具，使触电者脱离电源。急救者在抢救时，应对该电压等级保持一定的安全距离，以保证急救者的人身安全。

（3）架空线路触电脱离电源。

当有人在架空线路上触电时，应迅速拉开关，或用电话告知当地供电部门停电。如不能立即切断电源，可采用抛掷短路的方法使电源侧开关跳闸。在抛掷短路线时，应防止电弧灼伤或断线危及人身安全。杆上触电者脱离电源后，用绳索将触电者送至地面。

2. 现场急救处理

当触电者脱离电源后，急救者应根据触电者的不同生理反应进行现场急救处理。

（1）触电者意识清醒，但感乏力、心慌、呼吸促迫、面色苍白时，应将触电者躺平就地安静休息，不要让触电者走动，以减轻心脏负担，并应严密观察呼吸和脉搏的变化。若发现触电者脉搏过快或过慢应立即请医务人员检查治疗。

（2）触电者意识不清、有心跳，但处于呼吸停止或极微弱的呼吸时，应及时用扶头抬颏法使气道开放，并进行口对口人工呼吸。如不及时进行人工呼吸，将由于缺氧过久从而引起心跳停止。

（3）触电者意识丧失、心跳停止，但有微弱呼吸时，应立即进行心肺复苏急救法。不能认为尚有极微弱的呼吸就只做胸外按压，因为这种微弱的呼吸是起不到气体交换作用。

（4）触电者心跳、呼吸均停止时，应立即进行心肺复苏急救，在搬移或送往医院途中仍应按心肺复苏规定进行急救。

（5）触电者心跳、呼吸均停，并伴有其他伤害时，应迅速进行心肺复苏急救，然后再处理外伤。对伴有颈椎骨折的触电者，在开放气道时，不应使头部后仰，以免高位截瘫，因此应用托颌法。

（6）当人遭受雷击时，由于雷电流将使心脏处及脑部产生一时性代谢静止和中枢性无呼吸。因此，受雷击者心跳、呼吸均停止时，应进行心肺复苏急救，否则将发生缺氧性心跳停止而死亡。不能因为雷击者的瞳孔已放大，而不坚持用心肺复苏进行急救。

三、其他伤害的急救方法

1. 烧　伤

火焰、沸液、电击、化学物质及放射线等所引起的皮肤损伤称烧伤。烧伤的严重程度与烧伤面积大小及深度有密切联系。烧伤深度可分 3 级：Ⅰ度烧伤最轻，仅是表皮的烧伤，伤后皮肤红肿、灼痛，愈后无痕迹及色素沉着；Ⅱ度烧伤较重，伤及皮表和真皮，伤后皮肤出现水泡、红肿，创面有渗液、剧痛，愈后可短期遗有色素沉着或有疤痕形成；Ⅲ度烧伤最重，伤及皮肤全层、皮下脂肪、肌肉及骨骼，受伤处皮肤呈焦炭，坏死，因神经烫坏无痛感，后期需进行植皮才能愈合，伤后呈疤痕修复。

根据烧伤的不同类型，可采取以下急救措施：

（1）采取有效措施扑灭身上的火焰，使伤员迅速脱离开致伤现场。当衣服着火时，应采用各种方法尽快地灭火，如水浸、水淋、就地卧倒翻滚等，千万不可直立奔跑或站立呼喊，以免助长燃烧，引起或加重呼吸道烧伤。灭火后伤员应立即将衣服脱去，如衣服和皮肤粘在一起，可在救护人员的帮助下把未粘的部分剪去，并对创面进行包扎。

（2）防止休克、感染。为防止伤员休克和创面发生感染，应给伤员口服止痛片（有颅脑或重度呼吸道烧伤时，禁用吗啡）和磺胺类药，或肌内注射抗生素，并口服烧伤饮料，或饮淡盐茶水、淡盐水等。一般以多次喝少量为宜，如发生呕吐、腹胀等，应停止口服。要禁止伤员单纯喝白开水或糖水，以免引起脑水肿等并发症。

（3）保护创面。在火场，对于烧伤创面一般可不做特殊处理，尽量不要弄破水泡，不能涂龙胆紫一类有色的外用药，以免影响烧伤面深度的判断。为防止创面继续污染，避免加重感染和加深创面，对创面应立即用三角巾、大纱布块、清洁的衣服和被单等给予简单而确实的包扎。手足被烧伤时，应将各个指、趾分开包扎，以防粘连。

（4）合并伤处理。有骨折者应予以固定；有出血时应紧急止血；有颅脑、胸腹部损伤者，必须给予相应处理，并及时送医院救治。

（5）迅速送往医院救治。伤员经火场简易急救后，应尽快送往临近医院救治。护送前及护送途中要注意防止休克。搬运时动作要轻柔，行动要平稳，以尽量减少伤员的痛苦。

2. 高空坠落伤

高空坠落伤是指人们日常工作或生活中，从高处坠落，受到高速的冲击力，使人体组织和器官遭到一定程度破坏而引起的损伤。高空坠落伤除有直接或间接受伤器官表现外，尚可有昏迷、呼吸窘迫、面色苍白和表情淡漠等症状，可导致胸、腹腔内脏组织器官发生广泛的损伤。高空坠落时，足或臀部先着地，外力沿脊柱传导到颅脑而致伤；由高处仰面跌下时，背或腰部受冲击，可引起腰椎前纵韧带撕裂，椎体裂开或椎弓根骨折，易引起脊髓损伤。脑干损伤时常有较重的意识障碍、光反射消失等症状，也可能有严重并发症的出现。

高空坠落的急救方法如下：

（1）去除伤员身上的用具和口袋中的硬物。

（2）在搬运和转送过程中，颈部和躯干不能前屈或扭转，而应使脊柱伸直，绝对禁止一个抬肩一个抬腿的搬法，以免发生或加重截瘫。

（3）创伤局部妥善包扎，但对疑颅底骨折和脑脊液漏患者切忌作填塞，以免导致颅内感染。

（4）颌面部伤员首先应保持呼吸道畅通，撤除义齿（假牙），清除移位的组织碎片、血凝块、口腔分泌物等，同时松解伤员的颈、胸部纽扣。

（5）复合伤要求平仰卧位，保持呼吸道畅通，解开衣领纽扣。

（6）周围血管伤，压迫伤部以上动脉干至骨骼。直接在伤口上放置厚敷料，绷带加压包扎以不出血和不影响肢体血液循环为宜，比较有效。当上述方法无效时可慎用止血带，原则上尽量缩短使用时间，一般以不超过 1 h 为宜，做好标记，注明上止血带时间。

（7）快速平稳地送医院救治。

3. 中　暑

（1）中暑的症状：

① 先兆中暑：出现大量出汗、口渴、头昏、耳鸣、胸闷、心悸、恶心、体温升高、全身无力。

② 轻度中暑：除上述病症外，体温 38 °C 以上，面色潮红，胸闷，有面色苍白、恶心、呕吐、大汗、皮肤湿冷、血压下降等呼吸循环衰竭的早期症状。

③ 重度中暑：除上述症状外，出现昏倒痉挛，皮肤干燥无汗、体温 40 °C 以上等症状。

（2）急救措施：

① 迅速将中暑者移至凉快通风处。

② 脱去或解松衣服，使患者平卧休息。

③ 给患者喝含盐清凉饮料或含食盐 0.1% ~ 0.3% 的凉开水。

④ 用凉水或酒精擦身。

⑤ 将重度中暑者立即送医院急救。

思考题

1. 什么是城市轨道交通运营安全事故？城市轨道交通运营安全事故如何分类？
2. 重大、较大事故的构成条件有哪些？
3. 事故调查处理的程序是什么？事故报告的原则是什么？
4. 应急救援活动分为哪几个阶段？应急救援的内容包括哪些？
5. 城市轨道交通常见事故发生后如何应急处理？
6. 发生机械伤害后现场急救的要点是什么？
7. 发生触电、烧伤、高空坠落事故后应如何展开现场急救？

第四章

城市轨道交通行车事故的预防

【学习目标】

通过本章学习，深刻认识心理因素对安全生产的影响，关注对安全生产影响较大的几种心理因素；熟悉列车运行事故的分类及影响列车运行安全的主要因素，掌握列车运行事故预防的途径和措施；熟悉接发列车作业惯性事故的分类及发生的主要原因，掌握接发列车作业惯性事故预防的途径和措施；熟悉调车作业事故的分类及发生的主要原因，掌握调车作业事故预防的途径和措施；熟悉施工计划的申报程序及施工防护要求，分析检修施工作业事故发生的原因，掌握检修施工作业事故预防的途径和要求。能在日常工作中自觉地贯彻、执行检修施工作业安全制度。

第一节　培养职工健康的心理素质

轨道交通运行是一个规律性的动态过程，在这个动态过程中要避免各种不利因素对行车工作的影响，如人的因素、设备因素、环境因素等。而这些因素的影响所造成的后果将影响到安全、服务、运营乃至社会的各方面。

城市轨道交通运营管理应遵循“安全第一，预防为主”的基本原则。“安全第一”，就是要求在城市轨道交通运营生产活动中，要始终把保证广大人民群众的生命财产安全放在第一位。“预防为主”强调的是搞好行车安全管理，重在防患于未然，将各种不安全因素消灭在萌芽状态。

“安全第一”与“预防为主”的关系可以概括为：“安全第一”是“预防为主”的前提；“预防为主”是“安全第一”的保证。

心理学所揭示的心理活动规律，构成了行为科学的重要基础。城市轨道交通运营中的安全生产行为也是如此，控制不安全的行为是保证城市轨道交通运营生产的重要条件，而直接决定人的行为的基本因素，又是人的心理活动的规律。城市轨道交通运营安全心理所研究的就是人们在生产活动中的安全动机、安全习惯、安全心理品质等问题及其发生、发展规律。

一、心理因素与行车安全的关系

按照心理学原理，影响行车安全的心理因素主要有：感觉、知觉、记忆、思维、注意、情绪、疲劳等。

（一）感觉和知觉与行车安全

1. 感觉、知觉的含义

感觉是人通过感觉器官对客观事物个别属性的反映；知觉是客观事物的各种表面现象和诸多属性通过人的各种感官在大脑中的综合反映。知觉不仅依赖现实的感觉，而且也依赖以往感觉经验的积累。感觉和知觉二者密不可分，通常将这两种心理现象称之为感知或感知觉。

2. 感知觉在城市轨道交通行车安全中的应用

在运输生产过程中，有些事故是由于人的感知觉发生错误而造成的。引起错觉的原因很复杂，既有心理因素，也有生理因素。错觉现象也很多，其中，以视觉和听觉错误对行车安全的影响较大。

首先，要努力克服错觉对行车安全的危害。错觉会引起错误的判断，导致行动上的失误，给行车安全带来隐患。例如，误认信号、误听或误传命令等，都是由错觉引起的。

其次，知觉具有选择性，面对纷繁多样的客观事物，人的感官能根据需要选择其中的那些特征明显的刺激进行反映。因此，在设置运营设备时，要注意与背景的差别，力求简洁、醒目。

再次，实践证明，人的感知觉能在实践活动中得到提高和发展。长期使用某种感觉器官或进行有目的的训练，都可以促进相应器官感知觉的发展。城市轨道交通行车工种强调熟练操作，只有加强基本功训练，做到"一口清""一手精"，才能确保行车安全。

（二）记忆和思维与行车安全

记忆是人脑对所经历过的人和事的识记、保持和重现。影响记忆的因素很多，如环境、压力、睡眠、心态、不良嗜好、健康营养等。

思维是大脑在感知和记忆的基础上，对客观信息进行分析、综合、判断和推理的心理过程。影响思维的心理因素主要有心理动机、心理定式等。所谓心理定式，是由一定的心理活动所形成的倾向性准备状态，决定同类后继心理活动的趋势。心理定式在认识事物时有积极作用，也有消极作用。正确的心理定式有利于认识事物，错误的或不良的心理定式对于认识事物则起阻碍和干扰作用。如在运营工作中行车指挥人员忘记将计划变更内容及时准确地通知作业人员，或因情况变化，不能立即分析判断、采取对策，就会贻误时机而直接危及行车安全。

记忆和思维是城市轨道交通员工重要的心理要素。没有较好的记忆能力，就不能很好地按章办事、执行计划；没有较强的思维能力，就难以面对错综复杂和瞬息万变的多种情况而做出正确判断并进行妥善的处理。

（三）注意与行车安全

注意是一种心理活动状态，按其作用或功能分为 3 种情况：一是注意集中，即把心理活动重点指向特定对象，对其他无关的心理活动进行抑制，不因无关刺激源的干扰而分散精力；二是注意分配，即在同时进行两种及其以上活动时，把注意有目的地指向不同对象；三是注意转移，即根据活动需要，主动有秩序地把注意从一个对象转移到另一个对象上。影响注意的因素很多，与行车安全有关的主要有工作兴趣、工作动机、意志、工作时间与排班制度等。

注意是保证行车安全的基本心理条件。任何一项工作都是由多个作业环节组成的，如果作业人员的注意不集中，或过分集中而不能及时转移，或注意分配不当等，都有可能导致行车事故发生。

（四）情绪与行车安全

每个人在生活中，都会碰上令人愉快或令人痛苦的事，从而产生喜怒哀乐之情，这种喜怒哀乐的体验，一般心理学上叫作情绪。严格说来，情绪是指人们对客观事物所持态度产生的内心体验，是人对客观事物是否满足自身需要，或是否符合自己的愿望和观点而表现出来的肯定（满意、愉快、高兴等）或否定（不满、不快、憎恨等）的态度体验。情绪和情感状态有积极和消极之分，良好的情绪和情感是保证行车安全的充分必要条件；情绪不稳、心境不佳则是发生事故的重要原因。

（五）疲劳与行车安全

疲劳是人在连续工作一定时间后，体力和精力消耗超过正常限度所出现的生理、心理机能衰退的现象，其表现是：

（1）生理机能下降。如肌肉酸痛，身体困乏，头痛头晕，视觉模糊，呼吸急促，心率加快，血压升高等。

（2）心理机能下降。如注意力分散，感知觉失调，记忆和思维减退，反应迟缓等。

城市轨道交通运营工作中，列车运行速度高、噪声大，自然环境条件差，职工连续工作时间长，加之安全正点要求高，使生产和管理人员心理压力大，耗费的身心能量多，极易产生疲劳。疲劳会产生在生理上“不能再干下去”和心理上“不想再干下去”的综合影响，轻则使工作效率降低，重则因判断失误或操作不当而导致事故发生。

由于城市轨道交通工作的特殊性，在实际工作过程中不可避免地会出现疲劳，我们应尽可能消除疲劳对行车安全的影响，为此，应采取以下主要措施：

（1）上班前必须充分休息，休班时间要合理安排。休息是消除疲劳的重要措施。

（2）改善劳动条件和工作环境。创造一个良好的劳动环境，将有助于保障劳动者身心健康，提高工作效率。

（3）制订高质量作业计划。高质量的作业计划可降低职工的劳动强度，避免疲劳。

（4）强制克服疲劳。如果工作时间和劳动条件一时难以改变，则出现疲劳时必须增强自控力，靠意志来克服，并加强他控和互控。同时，可以通过设置监控设备来减少因作业人员疲劳引发的事故。

（5）设置监控设备。如在机车上装设自动停车、超速防护设备等，防止因乘务员疲劳打瞌睡、注意力不集中等引发的事故。

二、个性心理特征与行车安全的关系

个性心理特征是指在个体身上经常地、稳定地表现出来的特点，包括气质、性格、能力等心理特征。

1. 气　质

气质是指人的心理过程在强度、速度、灵活性和稳定性等方面的心理动力特征。

通常人们把人的气质分为胆汁质、多血质、黏液质和抑郁质 4 种典型类型。胆汁质的人精力充沛、思维敏捷、坦率刚直、办事果断、情绪反应快而强烈、易冲动、脾气暴躁、兴趣易产生但不持久，这类人在工作上表现为忽冷忽热，遇事不沉着，急性而粗心；多血质的人反应迅速、动作敏捷、活泼善谈、交际能力强，有较强的可塑性，容易接受新鲜事物和适应新环境，但注意力易转移，缺乏耐心、兴趣易变；黏液质的人善于克制自己、稳重安静、交际适度、反应迟缓、注意力稳定且不易转移，这类人能持久地工作、意志坚强、喜爱深思，但不够灵活、缺乏开拓精神；抑郁质的人感情细腻、观察力敏锐、多愁善感、富于想象、言行迟缓、胆小孤僻，这类人遇到困难时，常常表现出优柔寡断、束手无策。

2. 性　格

人的性格通常可分为内倾型和外倾型两种类型。内倾型的人心理活动倾向于内心，表现为沉静、孤僻、多思、反应缓慢、适应环境困难；外倾型的人心理活动倾向于外部世界，情感外露、开朗活泼、善于交际。

3. 气质、性格与行车安全

气质和性格二者互相渗透、相互影响。气质和性格的外在表现都是围绕着“做什么”“怎样做”展开的，因此，从事城市轨道交通运营生产人员的气质和性格与行车安全直接相关。良好的气质和性格是作业人员实现自控的心理保证。而气质较差或性格有缺陷的职工，因客观存在的心理障碍而导致自控能力较差的问题，会发生行车事故。例如，调车作业中盲目推进，接发列车时的主观臆测、盲目开放信号等，多因作业人员急躁、武断、易冲动造成的。

为了减少气质和性格对行车安全的影响，在职工聘用和分配工作时应尽可能考虑到员工的气质和性格特征，并定期进行检查，对不适宜行车工作的职工应及时调整。同时通过经常性安全教育，培养良好的性格和其他心理特征。采取对事故责任者批评、惩罚，对防止事故的人表扬、奖励的方式，促使职工养成认真负责、重视安全的气质和性格特征。

4. 能力与行车安全

能力是完成某种活动所必需的并直接影响活动效率的身心发展基本品质，是个性心理重要特征之一。能力可分为一般能力和特殊能力，观察力、记忆力、注意力、思维力和想象力等属于一般能力范畴。它们适应于广泛的范围，为人们认识客观事物，掌握科学文化知识提供了智力保证。诸如色彩鉴别力、音响辨别力、图像识别力等均系特殊能力，只能在特定范围和条件下发生作用。例如，在列车技术作业过程中，列检所车辆检修人员通过锤敲耳听就能探测出车辆部件或零件的故障或隐患所在，这就是一种特殊能力。

城市轨道交通行车职工的能力强弱直接关系到行车安全，如细心观察、牢靠记忆、沉着应变、敏捷思维、准确判断及清楚表达等能力是广大职工安全高效地完成运输生产任务的重要保证。反之，观察不细、记忆不好、判断不准、表达不清和反应迟缓等就会增加行车事故发生的可能性。

三、安全动机与激励在安全生产中的作用

1. 安全动机

动机是推动人积极地进行活动并达到一定目标的行为动力。安全动机有两个方面的含义：一方面是指保护自身不被伤害的动机；另一方面是指保护他人和产品、设备不被伤害的动机。前者是人类的本能行为，因为在一般情况下，人不可能做出有意伤害自身的行为，这种动机不需要激励和培养，而后者则需要激励和培养。一个人有多种多样的动机，各个动机由于强度不同，在一个人身上所占的地位和所起的作用也不尽相同。有的比较强烈而稳定，有的比较微弱而不稳定。那种强烈而稳定的动机叫作优势动机，其他动机叫作辅助动机。优势动机对一个人来说，具有更大的激励作用。安全心理就是要注意激励安全动机，使安全动机成为优势动机。

2. 激　励

激励是指运用精神和物质手段去激发人的动机的心理过程。对安全生产进行激励的目的是通过激励引导职工的安全需要意识，强化安全动机，使之成为优势动机，促成安全行为。

随着经济和社会的发展，激励的手段和方法呈多元化趋势，主要有奖励与惩罚，竞赛与升级，职工参与民主管理和对管理行为实施监督等。城市轨道交通安全生产的实践证明，竞赛与奖励相结合的方法是激励广大干部和职工安全生产积极性的有效途径。

四、安全习惯的养成与侥幸心理的克服

1. 安全习惯

人在后天养成的一种在一定的情况下自动地去进行某些动作的特殊倾向，叫作习惯。习惯有好坏之分。有些习惯未经任何练习，只要有一次经验就可以稳定下来。但一般情况下，习惯是要经过练习才能形成或建立的。

安全习惯是指在一定的作业环境中，自觉地按规章制度规定的安全的操作方式或方法去操作的行为。而这种安全的操作行为已成为个性心理品质的组成部分。经验证明，多数事故都是由违反操作规程而引起的。安全的操作一旦形成一种习惯，就可以预防或减少事故。

习惯的建立是一种学习过程。学习是经由练习，使个体在行为上产生较为持久改变的历程。对职工要进行安全训练，使遵章守纪能够成为习惯嵌入工作中，成为操作整体的重要组成部分。

2. 习惯动作形成的特征

了解习惯动作形成的特征，对循序渐进地进行安全操作习惯的练习，是很有帮助的。

（1）将一系列部分动作联合成为一个整体动作。一个完整的操作是由许多简单动作联合起来的。如值班员接发列车作业时的“手指、眼看、口呼”，开始时动作不协调，脑、手、眼等配合不好，当把许多动作连成一个整体时，才算学会了。

（2）多余的动作和紧张的消失。在开始学习时常常伴有多余的动作和紧张，这是不熟练的表现，学习者会感到疲劳。当动作达到熟练程度后，不必要的动作被淘汰，基本的动作得到强化。

（3）视觉控制的减弱和动觉控制的增强。当动作熟练后，学习者往往用动觉代替视觉进行操作。

3. 组织练习的方法

（1）明确练习的目的。训练开始时，一定要使学习者明确学习的目的和要求，并给以有关的知识，激发学习的积极性，形成学习的内部动因。

（2）掌握正确的练习方法。正确的练习方法可以避免盲目的尝试过程，提高学习效果。要通过语言解释和示范动作，使学习者获得清晰的表象，有了模仿的样板，会收到事半功倍的效果。

（3）及时反馈。要使学习者在每次练习之后，都知道练习的结果，对自己的动作及时做出评价，知道错在哪里，对在哪里，才能有更明确的练习方向，使正确的动作得到巩固，错误的动作得到纠正。

（4）正确掌握学习速度和质量要求。开始阶段，速度要放慢些，可以保证学习的准确性，及时发现错误，以便纠正。一旦错误的动作形成，就很难予以纠正，而往往要改造整个动作系统才能纠正，因此，开始阶段注意动作的准确性是非常重要的。

（5）必须有计划、有步骤地进行。对于复杂的动作系统，可以将它们分成若干比较简单的局部成分，当掌握这些之后，再过渡到比较完整的活动，这样循序渐进地学习，便于受训者掌握，也便于指导者检查。

（6）练习的次数和时间要分配适当。练习的次数不一定是越多越好，如果在一段时间内次数太多，时间太长，不仅浪费时间、精力，而且容易疲劳，使兴趣降低。练习的时间要适当分配。一般来说，适当的分散练习比过度集中练习优越。

（7）练习的方式要多样化。方式方法的多样化，不但可以保持学习兴趣，而且还可以灵活运用学到的东西。

4. 侥幸心理

侥幸心理就是由于人们对安全环境歪曲的认识，产生某种愉快的情绪体验，发生某种不安全的行为倾向，是一种不正确的安全态度。在城市轨道交通运营中突出的表现就是不严格遵守规章制度。主要表现在以下 3 个方面：

（1）轻松反应。在完成较困难或较危险的工作时，对危险的因素注意力减弱，或注意的范围变得狭窄，容易造成事故。

（2）简化反应。主要是偷懒的心理在起作用，主要表现为简化作业过程。在简化反应过程中往往出现愉快的表象，因为完成复杂的规定程序往往要付出更大的努力。因而减弱了对复杂的客观环境的判断力。

（3）臆测判断。根据不充分的推测而随意进行的判断称为臆测判断。实际上，这属于一种推测。产生臆测判断的原因如下：① 怀着尽快完成或结束作业的愿望；② 信息或知识不准确；③ 有因此种行为而获得成功的经验；④ 猜测行事，诸如“若是那样就好了”“大概不会有问题”等观点有强烈的倾向时。

在运营安全生产作业中，如果大家都抱有侥幸心理，在一定的条件和外部环境下，事故就会发生。所以，要确保行车安全，必须克服侥幸心理。

第二节　列车运行事故预防

列车安全运行是城市轨道交通最基本的要求，而列车运行是城市轨道交通最容易发生事故的重要环节之一。列车运行事故一旦发生，轻则会打乱城市轨道交通的运营秩序，重则会造成严重的人员和经济损失。从近些年各个城市轨道交通所发生的运行事故来看，列车运行事故已成为城市轨道交通所要解决的首要问题。所以，我们有必要分析造成列车运行事故的原因、掌握列车运行事故的处理原则及方法，并能够通过加强日常的安全管理，尽可能预防此类事故的发生。

列车运行安全，一般是指城市轨道交通列车在运送乘客的过程中对行车人员、行车设备以及乘客产生作用和影响的安全工作。列车运行安全工作包括：行车调度安全、列车驾驶安全、车站作业安全等。

一、造成列车运行事故的主要原因

通过对以往所发生的行车事故进行分析，我们发现，造成列车运行事故的主要原因有：

1. 行车纪律松弛、制度执行不严

纪律松弛，出乘标准化作业不落实，责任制贯彻不力，是造成行车事故的重要因素。

2. 疲劳行车、带情绪行车

相关工作人员睡眠不足和将受外界环境影响而产生的情绪带入运行作业中，会产生生理、心理的疲劳，从而精力不济、精神不集中，给安全行车带来隐患。

3. 业务素质不高

由于技术问题及缺乏经验，行车人员业务水平不精，不能及时处理运行中的突发事件和故障。

4. 安全意识不强

行车人员情绪不稳定、思想波动大、责任心不强、行车纪律观念淡薄、臆测行车是造成行车事故的重要原因。

5. 行车技术、设备不完善

行车设备老化，技术结构不合理，使之不能适应实际行车的需要。

6. 风、雪、雷、电等恶劣气候及环境的影响

风、雪、雷、电等恶劣天气对安全运行的影响是不可低估的。车站工作人员、列车司机对气候环境变化及对突发事件能否正确处置直接影响城市轨道交通运输的安全。

7. 安全管理及制度、规章的适用性存在缺陷

安全管理归根结底是对人的管理，而各项制度的健全和完善是行车安全的基础，是行车安全的依据，没有完整有效的制度与规定是制约安全行车的重要因素。

二、加强行车调度工作，保证列车运行安全

城市轨道交通行车工作是一个互相联系、互相影响的多部门、多单位所组成的完整的系统，具有高度集中、统一指挥、各个工作环节紧密联系和协同动作的特点。在这个系统中，各部门、各单位、各工种之间的紧密联系和协调一致对于保证行车安全和提高运输效率有着决定性的意义。行车调度（一般简称行调）就是为适应城市轨道交通运输特点而设置的行车工作的统一指挥者，在保证行车安全的大系统中具有重要的地位和作用。

城市轨道交通行车调度工作由调度控制中心实施，实行高度集中统一指挥，以使各个环节紧密配合，协调工作，保证列车安全、正点地运行。行车调度工作是城市轨道交通系统的核心，直接影响行车安全及运输质量。

（一）行车调度工作的基本任务及作用

1. 行车调度工作的基本任务

（1）组织指挥各部门、各工种严格按照列车运行图工作。

（2）监控列车到达、出发及途中运行情况，确保列车运行秩序的正常。

（3）当列车运行秩序不正常时，及时采取措施，尽快恢复正常运行秩序。

（4）及时、准确地处理行车异常情况，防止行车事故的发生。

（5）及时掌握客流情况，及时调整列车运行方案。

（6）检查监督各行车部门执行运行图的情况，发布调度命令。

（7）当发生行车事故时，按规定程序及时向上级主管部门汇报，并采取措施防止事故扩大，积极参与组织救援工作。

2. 行车调度在行车安全工作中的作用

行车调度贯彻集中领导、统一指挥的原则，组织协调行车有关各部门、各单位、各工种的工作，指挥和监督行车工作的全过程，保证行车工作均衡协调、安全准确地进行。

行车调度在安全工作中的作用有以下几个方面：

（1）指挥行车人员完成各项行车作业，保证列车安全正点运行。

（2）组织、协调、监督、检查行车各有关部门的安全生产，纠正各种违章现象，及时处理行车中发生的问题，消除事故隐患，防止发生行车事故。

（3）发生行车事故后，积极组织救援，减少事故损失。

（二）行车调度安全指挥工作的基本要求

调度指挥必须坚持安全生产，正确及时地指挥列车运行，防止因指挥不当造成事故隐患。遇突发紧急事件时，要冷静、正确、及时处理。要加强学习，勇于实践，努力提高业务水平，提高应变能力。为保证行车调度工作安全，应做好以下各项工作。

（1）必须严格执行单一指挥的原则。

行车各有关部门必须服从所在区段行车调度的集中统一指挥，各级领导对列车运行的指示必须通过行车调度下达，坚决禁止令出多口或多头指挥，维护调度命令的严肃性和权威性。

（2）熟悉主要行车人员和设备，组织列车按图行车。

行车调度必须熟悉主要行车人员情况，掌握车辆、线路、通信信号、牵引供电等方面的知识，熟知各种规章制度和各种行车作业的程序，掌握与其他调度的工作衔接，组织行车有关人员协调动作，保证列车按照列车运行图安全正点运行。掌握处理各种意外情况和行车事故的方法，做到调度指挥胸有成竹、沉着冷静。

（3）加强与现场行车人员联系。

（4）发布调度命令要正确、完整、清晰。

调度命令是城市轨道交通运输工作实行集中领导、统一指挥的具体体现和保证之一。具体要求如下：

（1）凡是指挥列车运行的命令和口头指示，只能由行车调度发布，有关行车人员必须坚决执行，不得违反。

（2）发布调度命令前应详细了解现场情况，听取有关人员意见。发布调度命令时应严格按行车相关规章办理，必须先拟后发，不得边拟边发。

（3）采用电话发布调度命令必须严格按照“一拟、二审核、三签、四发布、五复诵核对、六下达命令号码和时间”的程序办理。发布、接收调度命令应登记命令本。

（4）采用计算机发布调度命令时，必须严格遵守“一拟、二审核、三签、四发布、五确认签收”的程序。受领人必须核对命令内容并及时签收。

（5）制订常用行车调度命令格式和用语的统一规定，使调度命令格式规范化、用语标准化，保证调度命令内容更加准确、简练、清晰、完整。

（6）调度命令书写不正确时，应重新书写；已发出的命令有错、漏时，应取消前发命令，重新发布全部内容的命令。

三、安全驾驶，增强司机处置突发事件的应变能力

列车驾驶安全是整个城市轨道交通行车安全工作的关键环节之一，是把好行车安全的最后一道关口。

（一）预防列车驾驶发生事故的措施

从安全运行管理的角度分析，行车事故是各种不安全因素相互作用的结果。因此，对行车不安全因素的预防是行车安全的重要环节。

（1）加强对司机的违章行为造成行车事故的管理与控制。许多行车事故案例表明，人的不安全行为是引起行车不安全的因素及行车事故的直接原因。因此，通过对列车司机的教育、培训、考核、惩戒等方法，可使列车司机对安全行车采取正确的态度。

（2）不断做好对列车司机的技术业务培训。司机的技术知识不足特别是安全行车知识的缺乏、没有经验是引起行车不安全的重要原因。通过对列车司机加强安全行车知识和业务知识的学习，可使司机在技术和经验上得到提高，成为合格的操纵者。

（3）强化和改善对行车设备的管理。许多行车事故的发生都留下了行车设备技术状态不良的痕迹，因而应不断进行相关行车设备的技术改造，使行车设备功能符合运营要求。

（4）提高司机适应环境变化与处置突发事件的应变能力。由于运行环境的变化和行车中产生的突发事件难以预料，因而提高司机在发生意外事件时的应变能力是防止和减少行车事故的重要因素。应在不断学习的基础上，以各类预案和规定为依据，开展定期和不定期的讲解、演练、培训，以提高应变能力。

（二）列车安全驾驶的基本要求

1. 列车运行方式

（1）列车运行方式分为自动驾驶模式(ATO)、人工驾驶模式(ATP)、限制人工驾驶模式(RMO/CLOSE)。改用 ATP 与 RMO/CLOSE 方式运行时，必须经行车调度员准许。

（2）运行的相邻列车之间的安全距离由 ATP 系统自动保护，行车间隔不受站间区间的限制。

（3）列车在区间运行中，遇危及安全的险情时，司机应采取紧急制动停车，并报行车调度员，待排除险情后，列车以 ATP 方式继续运行至前方站停车，在车站将 ATP 转换为 ATO 方式。

（4）列车收到 0 km/h 时的行车规定：

① 列车收到 0 km/h 停车，司机应立即报行车调度员，并按行车调度员下达的命令执行。

② 列车运行中收到 0 km/h，无线系统又发生故障不能使用时，允许列车加强瞭望以 CLOSE（或 RMO）方式运行至就近车站，用车站应急电话向行车调度员报告后，按行车调度员命令执行。遇防护信号机时，须按信号机显示要求执行。

③ 车载 ATP 故障（主、备 ATP 均不能使用）时，行车调度员应命令该列车切除车载 ATP，限速 30 km/h（遇道岔防护信号机时，须按信号机显示要求执行）运行至终点站。再凭行车调度员命令以“双区间”的行车间隔限速 60 km/h 运行至终点站，进折返线或入库，退出运营。

（5）列车运行途中，若有人拉下车上的紧急停车拉手或车门打开等情况造成列车在站台区域迫停，司机应先报行车调度员，确认无影响运行安全的情况后将拉手复原，列车可继续运行。

（6）列车上个别车门的门控装置发生故障，司机要及时切除故障车门，并张贴故障提示牌，以免耽误乘客上、下车。

（7）一个及其以上站间区间出现红光带故障时的运行规定：

① 列车行车凭证为行车调度员下达的命令。

② 列车运行方式以切除 ATP 方式进行。

③ 该区段只准一列车占用运行。

④ 行车调度员要重点做好监控，确保安全。

⑤ 若遇列车晚点，列车凭总调命令，列车切除 ATP 运行，到前方站定位后，重新建立 ATO 模式运行。

2. 列车折返

（1）终端模式。折返信号机为自动模式，即按照选定的折返方式，根据目的地码排列进路。

（2）循环模式。在折返站和有岔中间站，相应的信号机为普通模式时，可以设循环模式。在折返站设置循环模式后，当列车占用信号机外方第一段轨道电路后，联锁设备自动排列进入岔区的第一条进路，并开放信号。当列车完全进入折返区段，第一条进路解锁，信号关闭。当列车踏上折返区段轨道电路 45 s 后，并且第一条进路解锁，第二条折返进路自动被排列，信号机自动开放，列车顺序出清折返进路所有轨道电路后，折返进路自动解锁，信号关闭，完成一次折返作业。

（三）列车司机值乘的基本前提

（1）列车司机必须牢记“安全第一”的宗旨，严格按照安全制度、行车规则执行驾驶任务。驾驶列车时做到“三严格”：

① 严格遵守各种规章制度，正确执行各种作业程序，确保列车运行安全。

② 严格按照运营时刻表及信号显示行车，工作时严守岗位，不得擅自离岗。

③ 严格遵守动车前认真确认“行车三要素”：进路、信号、道岔。

（2）列车司机必须掌握列车（车辆）的基本构造、性能，具有一般的故障处理能力，熟悉城市轨道交通线路和站场等基本设施情况，包括必须明确驾驶区段、站场线路纵断面等情况。

（3）列车司机必须掌握其他相关的业务知识并具有一定的应变能力。城轨列车在运行过程中，一般情况下只有司机一个人值乘，而运行中的突发事件有着不可预见性，在事件的初期往往只有司机能够最早发现，所以一名职业素质较好的司机应该而且必须掌握有关事件初期的处理方法，减少损失，稳定现场局面。

（4）列车司机上岗值乘的必要条件。鉴于列车司机在整个运行过程中的重要作用，城市轨道交通管理部门规定了列车司机上岗值乘的必要条件。首先，司机必须经过考试合格，并取得列车驾驶证后方准独立驾驶列车；其次，脱离驾驶岗位 6 个月以上，如需再驾驶列车必须对业务知识和安全运行知识等进行再培训，并且考核合格，对其纪律性和身体状况、心理状况由相关管理部门及有关领导做出鉴定。

（四）列车司机驾驶作业过程中的安全要求

列车司机驾驶列车在正常情况下应确保“准确”，在非正常情况下确保“安全”，所有操作均需动作紧凑、快速正确。列车驾驶作业包括调车作业、整备作业、正线作业、折返作业、站台作业等。

1. 调车作业时预防事故的措施

（1）放置铁鞋防溜时，不取出铁鞋不动车。

（2）凭自身动力动车时，没有制动装置或制动装置故障不动车。

（3）机车、车辆制动没有缓解不动车。

（4）调车作业计划不清不动车。

（5）调车作业没有联控不动车。

（6）没有信号显示或信号显示不清不动车。

（7）调车进路无联锁或联锁失效时，扳道员未显示道岔开通手信号或道岔开通不正确不动车。

（8）侵限、侵物不动车。

2. 整备作业时预防事故的措施

（1）整备作业前必须了解列车停放位置及列车状态。

（2）检查列车走行部时，必须确认列车已降下受电弓。

（3）严禁跨越地沟，进行车底检查时戴好安全帽，应注意空间位置，避免碰伤。

（4）受电弓升起后，严禁触摸电气带电部分、进行地沟检查及攀登车顶。

（5）检查列车时必须佩带检查灯、一字旋具，并严格按要求整备列车，列车没有经过整备严禁动车。

（6）车库内动车前，必须确认地沟无人和两侧无侵限物后方可动车。

3. 列车运行时预防事故的措施

（1）司机在取得司机驾驶证并经鉴定合格后，方准独立驾驶。

（2）严格遵守各种规章制度，按照要求操作设备，正确执行各项作业程序，确保列车运行安全。

（3）严格按运行时刻表动车，动车前必须确认行车凭证。列车退行或推进运行时，运行前端必须有人引导。

（4）班前注意休息，班中集中精力，保持不间断瞭望。严禁在列车运行中打盹、看书或进行与工作无关的事。

（5）接受调度命令或行车指示时，司机必须逐句复诵并领会命令内容。

4. 折返作业时预防事故的措施

（1）严格遵守交接班制度。

（2）关门前必须确认行车凭证、道岔、进路正确。

（3）动车前确认所有人员均在安全区域。

5. 站台作业时预防事故的措施

（1）开关屏蔽门、车门时，必须严格执行开关门作业程序。

（2）列车到站停稳后，应先确认列车停在规定的范围内。

（3）跨出站台开关屏蔽门、车门时，应注意列车与站台间的间隙，避免摔伤。

（4）关屏蔽门、车门前应先确认车载信号或进路防护信号开放或者具有行车凭证。

（5）动车前，司机应确认屏蔽门、车门关好，同时确认屏蔽门与车门间空隙无人无物，方可进入驾驶室。

6. 人身安全保证

（1）升弓前，必须确认所有人员均在安全区域。

（2）严禁擅自带无关人员进入驾驶室，因工作需要有人登乘驾驶室时必须确认其相关登乘证件。

（3）在正线或出入厂线，未经行调同意禁止擅自进入线路。

四、做好车站行车组织安全工作，为列车安全运行提供组织保障

车站的行车组织工作是在调度统一指挥下，合理运用车站的各项技术设备，负责车站行车控制指挥、施工及其他任务。

（一）车站作业工作的基本任务

（1）建立健全各类行车作业、管理的规章制度。这些制度包括：车站行车控制室的管理、交接班制度、行车值班员岗位责任制等，对车站的行车组织工作进行规范管理，确保行车安全。

（2）进行车站各项安全检查，检查车站安全隐患并落实整改。

（3）建立各类事故预案，开展演练，以提高车站员工的应急处理能力，有效处理车站突发事件。

总之，通过明确职责、落实责任、加强安全管理，确保车站行车、施工、治安、消防等工作以及车站员工、乘客人身安全和车站所辖设备运行安全。

（二）车站行车安全工作的基本要求

车站工作包括列车运行控制、车站的施工组织、接发列车作业等，其中各项作业均涉及行车安全。具体要求如下：

1. 列车运行控制

车站的列车运行控制根据整个系统列车运行控制方式的变化而变化。

（1）在调度集中控制方式下，车站行车组织的主要工作是监护行车运营状态。

（2）在自动控制方式下，车站除了对列车的运营状态进行监护外，如中央控制因故放权而由车站进行控制，则有集中控制设备的车站应负责对列车的折返、进路排列等人工作业。

（3）在半自动控制方式下，车站负责列车运行控制的工作，由人工操作信号设备进行接发车、调车等行车作业，并根据行调指令对列车运行进行调整；在非正常情况下，车站根据调度的指令，按规定的作业办法要求负责列车在车站的接车、发车、调车等作业。

2. 设备施工组织

在车站管辖范围内的任何施工均应在车站行车控制室登记，在得到行车值班员的签字确认后方可进行；对影响运营的施工检修作业，如信号设备检修、道岔检修等作业，必须得到调度的同意后方可进行。

3. 接发列车作业

车站员工应确保在各种控制方式下车站的接、发列车组织工作安全、有序。

【案例 4–1】　××地铁四号线塘桥下行触网异物影响列车运行严重事件

一、事件情况

2009 年 1 月 2 日 08:18，电调通过 SCADA 发现四号线塘桥牵引站 211 开关△I 跳闸，浦电牵引站 213 开关△I 跳闸，自动重合闸均成功。电调立即通知供电值守点及行调。告供电调度和 COCC。

08:19，行调接设备报塘桥 211、浦电 213 开关跳闸，询问塘桥下行 40591 次 0403#车司机车况，司机回复有乘客反映车顶上有火星及异响但车况正常，令司机注意车况，通知供电调度、车辆调度，报 COCC。

08:26，塘桥车站报下行触网上有异物垂下，并影响列车通过，行调询问车站是什么物体，其回复还在确认中，行调报 COCC，向供电、工务、客三发抢修令。

08:28，电调立刻向供电调度、客三调度发布 492#抢修令。并询问得知供电浦东大道值守点人员正赶往塘桥途中。

08:28，塘桥车站回复无法确认垂下异物是否影响列车运营，行调令车站再次进行确认。

08:29，行调令南浦大桥下行 40791 次 0419#车南浦大桥下行待命。

08:31，南浦大桥下行 40791 次 0419#车下行开始清客。

08:34，南浦大桥下行 40791 次 0419#车司机回复清客完毕，令其待命。

08:35，安排临平备车 0401#车上行空车至杨树浦路折至下行空车反向运行至世纪大道待命。

08:35，值守人员至现场后报塘桥牵 211 开关△I 动作电流为 3 714A，浦电牵 213 开关△I 动作电流为 2 506A，电调令其在现场值守。

08:36，塘桥车站回复经再次确认，异物无法处理且无法确认垂下异物是否影响列车运营，现人员已出清线路。

08:37，安排南浦大桥下行 40791 次 0419#车令 ATP 手动限速 20 km/h 进入区间并且进站时限速 5 km/h 对触网进行确认。

08:43，临平备车 0401#车经杨树浦路渡线折至下行。

08:46，40791 次司机报触网上方有物体垂下，需下线路进行确认，行调令其带好对讲机后进行确认。

08:49，40791 次司机回复下行百米标 107 处通风管护栏下垂，侵限，列车无法通过。

08:46，行调对四号线外圈列车进行调整。

08:50，临平备车 0401#车下行反向运行至世纪大道。

08:50，电调询问供电调度是否要将塘桥—浦电下行触网停电，其称待询问后再答复。

08:54，塘桥值守人员申请需将塘桥—浦电下行触网停电后才可以去除异物。

08:54，供电人员到达塘桥车站进行抢修。因塘桥触网人员申请塘桥至浦电路下行触网停电，行调通知塘桥下行站外 40791 次 0419#车收车待命。

08:55，40791 次 0419#车司机报列车收车完毕，行调向设备调度申请塘桥至浦电路下行触网停电。

08:55，接设备报塘桥至浦电路下行触网已停电，同时塘桥车站报供电人员称处理异物需 10 min。

08:58，临平备车 0401#车世纪大道下行载客投入运营。

08:59，工务回复异物不属于工务设备。

09:02，供电抢修人员来电称通风管下垂物已清除，供电人员和工具已撤清，具备送电条件。

09:04，塘桥车站报现场供电人员来电，异物已处理完毕，行调令车站通知现场人员抓紧出清线路。

09:08，供电现场人员全部撤离线路，触网具备送电条件。行调向电调申请塘桥至浦电路下行触网送电。

09:08，电调送电成功。通知行调，告供电调度，报 COCC。

09:09，接设备报塘桥至浦电路下行送电完毕，通知塘桥下行 40791 次 0419#车启动列车准备恢复运营。

09:12，40791 次 0419#车司机报列车启动完毕，并应供电要求令司机限速 5 km/h 进站对位。

09:14，40791 次 0419#车动车至塘桥下行开门载客，报 COCC。

09:20，行调对全线列车进行调整。

二、过程分析

（1）08:18 分，电调发现四号线塘桥牵引站 211 开关△I 跳闸，浦电牵引站 213 开关△I 跳闸，自动重合闸均成功。设备调度立即通知供电值守点及行调确认情况。行调接报后对该区段内的 40591 次 0403#进行车况确认，同时通知供电、车辆调度及 COCC，事件的初期处置符合预案要求。

（2）08:26 分，调度员在得到异物侵限的信息后，能及时向供电、工务、客三发布抢修令，并布置下行后续 0419#在南浦大桥站待命，避免了载客列车迫停区间的后果，但在后续处理过程中，由于调度员询问情况的针对性不强，造成情况确认时间过长。

（3）08:35 分，行调安排临平备车 0401#车上行空车至杨树浦路折至下行空车反向运行至世纪大道待命，调整措施合理，但临平备车安排的时机可适当提前。本案例中，8:26 分接报侵限后，行调即可布置临平路备车投入上述的调整运行，应布置备车至世纪大道下行后，立即投入下行载客运营，以减少世纪大道下线的行车间隔，由于无法判断故障点的开通时间，行调可根据间隔，提前几站布置上行后续某次列车准备在杨树浦路上行清客折返至世纪大道下行载客，确保世纪大道下行不出现大间隔。

（4）09:02 分，供电抢修人员来电称通风管下垂物已清除，供电人员和工具已撤清，具备送电条件。而行调在 09:08 分方申请触网送电，时间较长。

三、改进建议

（1）突发事件处置初期的相关列车扣车工作是事件处置成功的基础，本案例中，正因为调度的及时扣车，避免了后续列车载客进入区间。考虑到目前各线早高峰行车间隔普遍较小，极易发生漏扣车的情况，因此，调度员应增强对扣车重要性的认识。

（2）无效通话过多造成事件处置时间延长，此情况在历次的事件处置中多次发生，侧面反映出调度员在语言表达能力及业务水平方面仍有待提高。现场沟通时，调度员自身目的要明确，向车站或司机发令时，相关要素须齐全，使对方清楚你的要求。建议各控制中心对调度员加强突发事件初期处置的模拟实操训练，同时要通过多种培训形式加强调度员对现场设备的了解，增强判断能力。（事后了解，侵限物为排热风管的支撑铁架）

（3）调度在突发事件的处置中，在确保安全的情况下，应尽力维持非故障段的列车运营秩序，灵活合理地组织运营，避免故障影响区段的扩大和最大晚点区段的转移。

（4）运营期间的抢修中，调度员要重点做好抢修登记这一环节，登记时留下抢修施工负责人的姓名、联系方式，向其说明安全防护要点、要求。抢修施工注销时，行调需与施工负责人确认全部人员撤离，具备送电动车条件。线路开通后，首列通过故障点的列车应以 ATP 手动方式限速通过故障点。

（5）当线路中断改变正常运营方式时，调度员要对中间折返站加强客运组织的监控，及时与公安和服务热线保持联系，以免因客运组织不力造成乘客纠纷。同时，可采用区间限速和分别扣车的调整措施，避免列车在同一车站长时间扣车。

在今后的突发事件处置时，建议各主任调度应更沉稳、冷静，把握好处置方案的作业要点，监护调度员对方案的执行情况，协调好各专业，发挥出班组指挥者的作用。

【案例 4-2】 ××地铁列车在长寿路—陈家祠上行区间溜逸事件

一、事情经过

2008 年 7 月 23 日 21:24，1326 次列车进长寿路站上行站台，对标停车后，司机按压“左门开”按钮后车门无法打开，进司机室发现“左门开”按钮指示灯不亮，认为无开门使能信号，按压强行开门按钮给出开门使能信号，但左门开指示灯还是不亮。

21:27，1326 次司机关钥匙后切除 ATP，左门开指示灯仍不亮。

21:29，1326 次司机报行调切除 ATP 后仍然不能开门。行调问司机是否对准停车标，司机回答列车已经对准停车标。行调命令司机使用继电器开门。

21:30，1326 次司机到客室打开设备柜后用钥匙按压 8K01/8K07 继电器车门仍不能打开。

21:30，行调命令 1326 次司机解锁车门清客并与车站联系，司机做好清客广播后，解锁了 1A28 车的 2 个车门，此时车站值班站长通过驾驶室进入列车车内，解锁紧急开门手柄手动开启车门，前两节车厢因乘客比较多，每节车厢手动开启两个车门，其他每节车厢开启一个车门，共解锁 8 个车门疏散乘客（800 人左右）。

21:30，2410 次司机以 ATO 模式正点到达黄沙上行站台，开门后行调要求司机开门清客待令，司机按命令执行。

21:32，行调问 1326 次司机清客情况，司机回答没有清客完毕；行调命令司机清客完毕后，打车门旁路动车不停站到广州东退出服务。

21:32，长寿路站行车值班员通知值班站长及车站全体员工列车晚点延误信息，延误时间 15 分钟左右。行车值班员放 “一号线往东站延误 10 分钟以上”自动广播。车站安排人员在边门处引导乘客如何处理手中的单程票以及已经刷卡进站的羊城通，通知客运值班员协助做好退票工作以及乘客解释工作。

21:33，1326 次司机清客完毕后报行调。

21:33，黄沙上行 2410 次清客完毕后，行调命令改开 602 次担当救援任务；以 ATO 模式到达前方长寿路故障车前自动停车后，做好救援连挂准备工作。

21:34，1326 次司机报列车关不了门，行调命令司机按压强行开门关门。

21:34，602 次列车以 ATO 模式动车，自动停车后转换 RM 模式运行到离故障车 1 米一度停车。

21:36，行调询问 1326 次司机动车没有，司机报正在尝试动车；行调命令其能动车就沿途不停站通过到广州东站。司机按命令执行，因当时列车已切除 ATP，就操作了车门旁路 2S13，当时司机台旁路指示灯亮。

21:36，602 次救援列车司机使用对讲机联系故障列车司机，但无应答。

21:37，1326 次司机发现旁路车门后，推牵引手柄列车出现保压制动不能缓解，4 个 DCU 中等故障，司机将方向手柄回“0”，重新牵引一次仍然不能动车，司机马上报行调。

21:37，行调决定救援，此时长寿路站值班站长上车给 1326 次司机提供了另一条方孔钥匙，司机和学员一起去切 B09（未施加停车制动），司机切除了 1A28、1C28、1B27 车的 B09 后返回 1A28 司机室报告行调列车已切除 B09；学员切除了 1B28、1C27、1A27 车的 B09 跟随司机返回 1A28 司机室。

21:41，行调询问救援列车 602 次司机连挂好没有，救援列车司机说未见到故障车司机，不清楚故障车的防护情况。

21:42，1326 次司机到达 1A28 报告行调已切完 B09；行调命令：开行 602 次，与救援车司机做好连挂后，推进运行到公园前上行经渡线到下行经坑口回厂。

21:43，1326 次列车发生向前溜动并加速，但 1326 次司机误认为列车已经连挂并在被推进运行中，未采取任何停车措施。

21:43，602 次司机发现前方故障车以 3 km/h 的速度向前移动，司机马上报行调。

21:44，行调问故障车司机现在列车是什么样的状态，故障车司机回答后面的车推进运行，其在前面监控。

21:45，行调询问故障列车连挂情况（故障列车司机反馈当时列车移动的速度达到 15 km/h）时，命令司机马上拉停列车，司机马上施加停车制动，并恢复 1A28、1B28 车的 B09。

21:46，行调问故障列车停车没有，司机回答已经停车。行调随后命令司机恢复三节车 B09 后限速 30 km/h 到广州东退出服务。司机回复行调是否再恢复两个 B09，行调再重新命令司机只恢复（列车）两个 B09 后限速 25 km/h 到广州东退出服务。

21:47，行调要求 602 次司机进长寿路上行站台不开门待令。

21:49，行调问故障车司机动车没有，司机报列车出现 4 个 DCU 严重故障，不能动车。行调命令故障车司机切除车上的 B09，到后端与救援车司机做好连挂后报行调。

21:51，行调命令 602 次司机动车到长寿路—陈家祠区间担当救援任务。

21:53，连挂完毕后故障车司机换端，切除 1A28、1B28 车的 B09。

21:55，到达 1A28 司机室指挥救援车司机动车。

21:13，到达公园前上行站台。

22:16，救援列车经过公园前渡线到达公园前下行线后换端以 SM 限速 45 km/h 运行。

22:39，602 次救援列车在车厂 XK 信号机前停稳报信号楼后回厂。

二、事件分析

1. 列车故障处理方面

（1）列车故障信息未做交接。1326 次列车（27+28）“左门关”指示灯不亮的故障情况在 1324 次列车上已出现，但 1324 次司机未做好交接，造成 1325 次列车司机也没有交接给 1326 次司机。

（2）1326 次司机未认真查阅《客车状态记录卡》。1324 次司机已将“左门关”指示灯不亮的故障信息填写在《客车状态记录卡》，但 1326 次司机本人未查阅，造成不清楚该列车有此故障。

（3）1326 次以 SM 模式运行到长寿路时，由学员负责驾驶，由司机负责开门，没有执行驾驶列车、开门等作业程序由同一人操作。

（4）1326 次列车司机在长寿路站开门时，没有按压 1A28 左侧开门按钮，造成该列车左侧车门未打开（列车回厂后，按压 1A28 左侧开门按钮，该列车左侧车门能正常打开）。

（5）1326 次列车司机发现左侧开门灯不亮时，没有按压试灯按钮，误认为没有开门使能信号，造成按压强行开门按钮和切除 ATP 都不起作用，一直未按压开门按钮尝试开门。

（6）1326 次列车司机切除 ATP 后，多次按压强行开门按钮（强行开门按钮只有在具备 ATP 功能的情况下才有效），反映了该司机缺乏车辆基本业务知识。

（7）1326 次列车司机采用操作继电器的方式开门时，其错误操作了继电器（回厂后要求司机用继电器开左门时，却错误按了下一行的 2K03 继电器）。

（8）1326 次列车司机操作车门旁路尝试动车，但未实现，需请车辆中心调取相关数据进行分析。

2. 列车救援方面

（1）长寿路站目前已安装屏蔽门但尚未投入使用，1326 次列车司机在清客完毕准备动车前，没有按规定先将已解锁的车门复位，存在乘客人身安全隐患。

（2）1326 次列车司机在切除 B09 时，未按规定（切除五节车的 B09，保留连挂端 A 车 B09）由本人完成，而是擅自安排学员前去切除 B09（其本人未做监督），造成在没有连挂前，将最后一节车的 B09 也切除，司机也没有按规定到达 1A27 端指挥连挂，而是返回了 1A28 端。

（3）当学员切除 B09 返回 1A28 端，告诉司机已切除完 B09 时，司机没有意识到连挂端 A 车的 B09 已被切除，没有意识到学员所做的与其最初安排的事项的差异。

（4）1326 次列车溜逸后，司机没有意识到该车未与救援列车连挂，自己也没有给出动车指令，误认为列车已连挂后被推进运行。

（5）1326 次列车溜逸过程中，行调询问司机情况时，要求司机停车，司机还是认为被推进运行，没有意识到列车已在溜逸。

（6）行调组织第二次连挂时，司机也没有到 1A27 端指挥连挂，而是在学员通知和行调要求下，才由 1A28 端前往 1A27 端指挥连挂，这是严重失职的行为。

（7）长寿路站在救援信息发布后，发现列车有移动，只简单的报行调“被连挂的列车没关车门，现在已经动车”，没有将救援列车还停留在站外的信息一同上报，造成信息失真。

（8）长寿路站行车值班员在收到救援信息后，用对讲机报值班站长，在值班站长没有回应的情况下，没有通过广播等方式联系值班站长。

三、事件定责

此次在处理车辆故障的过程中，发生了列车溜逸，根据《运营事故（事件）调查处理规则》第 6.6 条第 16 款的规定，本次事件定性为险性事件，车务中心车务一部负全部责任。

四、整改措施

（1）从 7 月 24 日下午起，从乘务一、二分部抽出共四名一级客车司机，到控制中心值班，指导现场司机有效处理车辆故障，为控制中心值班主任提出专业（车辆、信号）咨询以及提供处理建议（是否救援、退出服务等）。

（2）从 7 月 24 日乘务学员暂停在一、二号线正线上的培训，在奥运会结束前，列车在正线采用 ATO 模式驾驶。

（3）乘务分部组织两周内对所有客车司机进行救援和故障处理培训，确保人人过关。

（4）乘务分部对《客车状态记录卡》的交接要严格管理，要求接班司机必须认真查阅《客车状态记录卡》的内容，并与交班司机交接清楚。

（5）当列车救援时，故障列车司机必须到达连挂端指挥连挂，以提高连挂的效率与质量。

第三节　接发列车作业惯性事故预防

接发列车是城市轨道交通行车工作中最重要的环节之一。接发列车的作业安全直接关系到城市轨道交通的行车安全，因此，所有参与接发列车的作业人员，均应以高度的工作责任感认真履行岗位职责，严格执行规章规范，保证接发列车作业安全。

一、接发列车作业安全基本知识

车站在办理接发列车作业时，列车车次、列车运行方向及运行指挥系统等，都是安全保证体系中的重要条件。

1. 列车车次与行车安全

列车车次具有区别列车种类、作业性质及其运行方向等重要作用，同时与行车安全密切相关。接发列车作业中，列车车次的误听、误传、误抄、误填，往往是造成行车事故的直接原因。为此，办理接发列车时，列车车次必须传准听清，复诵无误，防止误听误传；抄写或填记行车簿册、命令及行车凭证时，要认真核对，防止误抄误填。车次不清楚时，必须立即询问，严禁臆测行车。

2. 列车运行方向与行车安全

列车运行方向也是保证接发列车及行车安全的重要条件之一，尤其是一端有两个及其以上列车运行方向的车站更须引起注意。在办理列车闭塞及下达接发车进路命令等作业事项时，均应冠以邻站方向或线路名称，以防止列车开错方向。

3. 列车运行指挥与行车安全

行车工作必须坚持集中领导、统一指挥、逐级负责的原则。为安全顺利地组织列车运行，列车运行的指挥工作应注意两点，即正确指挥和服从指挥。

列车运行的指挥工作首先应强调其安全正确性。日常行车作业中，行车调度错发、漏发调度命令，盲目指挥列车运行，或车站值班员错发、漏发接发列车命令，盲目指挥及错误操纵控制台等，往往都是造成列车事故的重要因素。因此，在指挥列车运行工作时，行车调度在发布命令之前应详细了解现场情况，并听取有关人员的意见，以便正确下达指挥列车运行的调度命令和口头指示。

车站值班员在指挥及办理接发列车作业时，须认真遵守行车有关规章要求，严格执行接发列车作业规定，正确下达接发列车的有关命令，确保列车运行安全。

二、非正常情况接发列车作业事故的种类及主要原因

城市轨道交通一般均为双线，信号系统普遍采用中央级控制（ATS），列车实行自动驾驶运行，正常情况下，车站原则上并不办理闭塞及接发列车。车站值班员只需要对列车运行情况进行监视，负责向行调报点，各站间相互报点；当发生意外事件时，向行调请示，经同意后暂不报点；站台站务员按有关规定迎送列车。只有在停电、调度集中、信号联锁设备等出现故障，需要人工排列进路组织列车运行及列车开到区间因故障要退回车站等非正常情况下，车站才办理闭塞，接发列车。

车站在办理接车、发车和列车通过作业程序中发生的一切行车事故称为接发列车事故。

1. 非正常情况接发列车作业事故的种类

（1）向占用区间发出列车。

（2）向占用线路接入列车。

（3）未准备好进路接发列车。

（4）未办或错办电话闭塞发出列车。

（5）列车冒进信号或越过警冲标。

（6）错误办理行车凭证发车或耽误列车。

2. 发生接发列车作业事故的主要原因

（1）当班人员离岗、打盹或做与接发列车作业无关的事情。

（2）办理电话闭塞时没有确认区间处于空闲状态。

（3）不按规定检查确认接发列车进路。

（4）不认真核对行车凭证。

（5）错办或未及时办理信号。

（6）取消、变更接发列车进路时联络不彻底。

三、非正常情况接发列车作业事故的预防

在非正常情况下，接发列车作业从办理闭塞、准备进路到开放信号、交递凭证，直至列车由车站发出或通过，其间任何一个环节的漏洞都有可能埋下事故隐患，任何一项作业的差错都往往危及列车运行安全。因此，非正常情况下办理每一趟列车，均须高度重视，认真作业。

1. 办理电话闭塞不能简化作业过程

办理电话闭塞是接发列车的首要作业环节，是列车取得区间占用权的重要环节，也是比较容易发生列车事故的关键环节。

（1）办理电话闭塞前，必须认真确认区间空闲。车站值班员在办理闭塞时，为防止向占用区间发出列车，在确认区间空闲时必须认真做好以下工作：

① 检查确认前一列车是否完整到达前方站。

② 通过闭塞设备确认区间空闲，检查确认区间是否有列车占用。

③ 检查确认区间是否封锁。

④ 检查有关记录，检查确认其他占用区间的情况。

（2）办理闭塞时，车次必须准确清晰，用语必须完整简洁。

现场作业中，有的车站值班员承认闭塞时，仅简化回答“同意”两字而未复诵，未起到与相邻站互控、联控的作用，极易发生错办车次。为此，办理闭塞及承认闭塞时，均须完整按照行车标准用语执行。

2. 认真检查确认接发列车进路

准备接发列车进路，是指将列车经由车站所运行的线路安全开通。准备接发列车进路是接发列车工作中一项极为重要的作业环节。在准备接发列车进路时，应重点检查确认以下事项：

（1）确认接车线路空闲。

设有到发线的车站准备接车进路或通过进路时，首先必须确认接车（通过）的线路空闲，以防止线路上存有机车、车辆及其他危及列车运行安全的障碍物等。为此，车站值班员和现场作业人员必须对接车（通过）进路线路是否空闲进行检查和确认。检查的方法有：设备检查，设有轨道电路及控制台上设有股道占用标识的，通过控制台对股道是否占用进行确认；目视检查，车站值班员（助理值班员）现场目视检查线路空闲；分段检查，在天气不好或瞭望条件不良、小曲线半径或联锁设备失效的情况下，车站（车厂）值班员（助理值班员）和现场作业人员按划分地段分别检查确认。

（2）确认接发列车进路正确无误。

接发列车进路的正确与否，直接关系列车运行安全。因此，在接发列车作业中，对列车进路的确认极为重要，切切不可疏忽。联锁设备正常时车站可通过信号设备的显示来确认接发列车进路；遇有联锁设备停用时，对列车进路的现场检查则更须严密细致，对进路上的道岔逐个确认，确认道岔位置正确及按要求加锁后，方可报告接发列车进路准备妥当。

（3）确认影响进路的其他作业已经停止。

3. 确保行车凭证的办理及交付正确无误

行车凭证是列车占用区间的依据，包括信号机显示、路票、调度命令等。有关作业人员办理行车凭证时，必须认真严谨，注意防止因差错而造成行车事故。

（1）防误操作信号设备。

信号是指示列车运行的命令。信号正常时，信号机上显示的准许列车运行的各种信号均为列车行车凭证。信号的开放和关闭至关重要。因此，车站值班员、信号员在操作信号设备时，必须全神贯注，精力集中，遵章守纪，严格坚持“眼看、手指、口呼”一致的确认操纵制度，确保信号指示准确无误。

（2）防误填写行车凭证。

使用路票、调度命令等书面凭证办理行车时，对其使用日期、区间、车次、地点、电话记录号码或调度命令号码等应特别注意。书面凭证填写后，必须逐字逐项复诵，认真进行核对经确认无误后，方可交付使用，以防止因填写错误而导致行车事故。

4. 严格执行接发列车作业程序、规范用语

为确保接发列车作业的安全稳定，尤其是在应急处理中，车站接发列车作业应按规定程序办理，并使用规定用语。随意简化，甚至颠倒或遗漏作业程序及用语，将危及行车安全。

5. 必要时立岗监督接送列车并指示发车

接送列车及指示发车直接关系到接发列车作业安全。在信号正常的情况下，车站原则上不在站台上办理接发列车作业，遇到特殊情况（指信号联锁故障需要人工排列进路组织列车运行时，或列车开到区间因故障要退回车站等情况）须接发列车时，车站接发列车人员应严格执行接发列车作业程序。

（1）确认列车整列到达。

（2）严密监视列车运行安全状态。

站台岗人员随时注意站台乘客动态，当客车进站时应于站台扶梯口靠近紧急停车按钮附近站岗，防止乘客在关门时冲上车被夹伤，维护站台秩序，监督司机按规范动作关门。发车时，站台岗（或司机）若发现站台或屏蔽门异常，应立即用对讲机通知司机（或站台岗）并及时处理。

（3）确认列车发车条件无误后，方可指示发车。

【案例 4-3】　××地铁 9.27 列车追尾事故

一、事故概况

2011 年 9 月 27 日 14:00 许，××地铁 10 号线因信号故障，全线路实施人工调度、手动驾驶。至 14:37，在 10 号线豫园站开往老西门站间，两列列车追尾。车上共计 800 多名乘客，有 271 人送院就诊检查。其中 61 名伤者住院，30 人在急诊观察室进行 24 h 观察，无人员死亡。

二、事故分析

① 事发当日，申通集团维保中心供电公司签发了不停电作业的工作票，并经××地铁第一运营有限公司同意，13:58，某股份有限公司电工在进行地铁 10 号线新天地车站电缆孔洞封堵作业时，造成供电缺失，导致 10 号线新天地集中站信号失电，造成中央调度列车自动监控红光带、区间线路区域内车站列车自动监控面板黑屏。

② 1016 号列车在豫园站下行出站后显示无速度码。

③ 司机发现信号系统故障后，立即向 10 号线调度控制中心报告。行车调度员命令 1016 号列车以手动限速(RMF)方式运行。

④ 14:00，行驶中的 1016 号列车的仪表显示红灯信号。

⑤ 司机请示调度，调度让司机停车待命。

⑥ 14:08，行车调度员发布电话闭塞法行车的调度命令。

⑦ 14:35，1005 号列车持路票从豫园站发车，向老西门方向开进。

⑧ 14:37，1005 号列车以 54km/h 的速度行进到豫园站至老西门站区间弯道时，发现前方有列车停留，随即采取制动措施，但由于惯性，仍以 35 km/h 的速度与 1016 号列车发生追尾碰撞。

三、事故原因

地铁行车调度员在未准确定位故障区间内全部列车位置的情况下，违规发布电话闭塞命令；老西门车站值班员在未严格确认区间线路是否空闲的情况下，违规同意发车站的电话闭塞要求，导致 1005 号列车与 1016 号列车发生追尾碰撞。

申通集团维保中心供电公司违反相关规定，在不考虑风险的情况下，签发了不停电作业的工作票，并经××地铁第一运营有限公司同意。也是造成本次事故的重要原因。

第四节　调车作业事故预防

调车作业是指除列车在车站（车厂）到达、出发、通过及在区间内运行以外，凡机车、车辆进行的一切有目的的移动。它包括列车的解编、转线，车辆的取送、调移等。在调车作业中发生的事故，叫调车作业事故。

一般说来调车作业事故分为“撞、脱、挤、溜”4 种类型，即：冲突、脱轨、挤道岔、机车车辆溜逸。

一、调车作业事故的常见原因

（1）调车作业计划不清或传达不彻底。调车作业计划是信号员、调车组等调车作业相关人员的统一行动计划。如果调车作业计划本身不清，造成调车进路排错、机车车辆进入线路，或调车作业计划传达不彻底，造成信号员及调车司机行动不一致，都极易发生错误。

（2）作业前检查不彻底，准备不充分。调车作业前，必须按规定提前排风，摘解风管，核对计划，确认进路，检查线路、道岔和停留车辆情况，手闸制动时要选闸、试闸，铁鞋制动时要准备足够、良好的铁鞋。

（3）误排进路或未扳、错扳、临时扳动道岔或错误转动道岔。信号员误排进路或未扳、错扳、临时扳动道岔或错误转动道岔，调车员和司机不认真确认信号及道岔位置，极易造成冲突、脱轨和挤岔事故。

（4）调车手信号显示不标准。调车手信号显示不标准有 3 种情况：一是未按规定的要求显示信号；二是错过了显示信号的时机；三是错误地显示信号。上述情况都有可能导致事故的发生。

（5）前端无人引导推进运行或推进车辆不试拉。推进作业时，若前端无人引导，由于调车司机无法确认线路和停留车情况，极易造成撞车和挤岔事故。若推进车辆不试拉，一旦车辆中有假连接，制动或停车时车辆脱钩发生溜逸，也容易发生撞车、脱轨、挤岔和溜逸事故。

（6）没按规定采取防溜措施。调车作业在线路上停放车辆时，如不按规定采取防溜措施，极易发生车辆溜逸事故，一旦车辆溜逸入区间，后果不堪设想。

二、预防调车作业事故的措施

城市轨道交通的调车作业包括停车场场内调车及正线调车作业两种。

（一）站场内调车作业事故的预防

1. 做好调车作业前的准备工作

（1）调车作业必须按照调车作业计划及调车信号机或调车手信号的显示要求进行。没有信号不准动车，信号不清立即停车。

（2）特殊情况使用无线对讲机联络进行调车作业时，司机与调车人员必须保持联络畅通，联络中断应立即停车，采取措施。

（3）调车组人员不足时，不能动车。

2. 正确及时地编制及传递调车作业计划

（1）运转值班室值班员要根据生产作业有关部门提出的要求，正确、合理地编制调车作业计划，并将计划向信号楼值班室、调车组等参加调车作业的人员传达清楚。

（2）参加调车作业的有关人员在接受调车作业计划时必须复诵，核对正确无误后执行。

（3）调车作业时调车指挥人应将接受的作业计划向调车司机及有关人员传达，并讲清作业方法与安全注意事项。

（4）调车作业中需要变更作业计划时要停止作业，由运转值班员将变更后的计划向调车指挥人及信号楼值班室重新布置、传达清楚，调车指挥人要重新向调车司机及有关人员传达清楚。

3. 正确及时地显示信号

（1）调车作业时，调车人员必须正确及时地显示信号；司机要认真确认信号，并鸣笛回示。

（2）连挂作业时，调车人员必须向司机显示三、二、一车的距离信号，没有显示三、二、一车的距离信号不准挂车，没有司机的回示，应立即显示停车信号。

（3）当调车指挥人确认车辆停留车位置有困难时，应派胜任人员显示车辆停留位置信号。

（4）连挂车辆前司机必须一度停车，检查被连挂车辆状态；连挂车辆后必须先试拉，确认连挂妥当，方可启动。

（5）摘挂后的车辆，必须按规定安放止轮器或采取制动措施，防止溜车。

4. 认真确认调车进路

（1）单机运行或牵引车辆运行时，前方进路的确认由司机负责。

（2）推进车辆运行时，前方进路的确认由调车指挥人负责，如调车指挥人所在位置确认前方进路有困难，可指派参加调车作业的其他胜任人员确认。

（3）取消调车作业进路时，操作进路人员应确认列车、车组或单车尚未启动，并通知调车指挥人和调车司机后，再关闭信号机，然后取消调车进路。

5. 严格、准确掌握运行速度

（1）在空线上运行时应严格按照线路、道岔的允许速度运行，瞭望条件不良、气候条件不好时应适当降低速度。

（2）调车作业中进入车库、厂房时以 5 km/h 的速度运行。

（3）接近被连挂车辆时以 3 km/h 的速度运行。

（4）电动列车在停车场内限速 20 km/h 运行。

6. 尽头线调车必须保持必要的安全距离

在尽头线上调车作业时，距离线路终端应有 10 m 安全距离，遇特殊情况必须近于 10 m 时，要严格控制，以随时能停车的 3 km/h 以下速度运行。

7. 做好车场内调车作业与接发列车之间的协调

车场在列车运行图规定的接发列车以外时间，运转值班员可以确定场内的调车作业；但与行车调度员布置的临时接发列车计划有抵触时，以接发列车作业为主；必须先进行调车作业时，应得到行车调度员的批准同意。

（二）正线调车作业事故的预防

（1）正线调车由调车指挥人提出申请，行车调度员在接到申请后确认不影响正常运营时方可同意调车申请，并做好相应记录。调车进路的排列由车站进行操作，但行车调度员必须加强对调车进路及调车全过程的监控。

（2）遇正线调车时，行车调度员应事先取消相关进路的自动进路功能。

（3）正线调车遇有轨道电路压不死等不正常现象时，必须采用单锁道岔的方式，必要时需现场加钩锁器以确保安全。

（4）如涉及越出站界调车，行车调度员应发布调度命令，令相关车站办理闭塞后方可进行。

第五节　检修施工作业事故预防

检修施工作业是城市轨道交通运营工作的重要组成部分。为保证日常运营生产工作能安全而有序地进行，必须对各种运营设备进行全面的更新维修保养。作为技术含量高、专业分工多的全封闭运作系统，有相当一部分施工检修作业直接或间接地影响着日常运营秩序，甚至危及运营安全，而这些施工检修作业又可能受到时间与空间的制约无法及时完成。只有做好检修施工安全工作，确保行车设备、设施维修保养符合技术要求，才能使城市轨道交通顺利开展运营。一旦施工安全出了问题，将会给人民生命财产造成损害，给国家和企业财产造成严重损失，使城市轨道交通运输的秩序紊乱，严重影响乘客出行。因此，要高度重视检修施工安全工作，为城市轨道交通的安全运营打下良好的基础。

检修施工作业应树立“安全第一”和检修施工为运营的思想，确保施工与运营两不误。总调度所负责检修施工计划的审批与实施，并按《行规》中的有关内容和《施工检修管理办法》的具体规定安排临时施工计划和抢修作业。为提高维修、施工的效率，保证设备维修质量，确保维修和施工安全工作，要成立有效的施工管理组织，加强对维修、施工作业的管理。

一、施工计划的制订

（一）施工计划

施工计划可按计划的时间不同进行划分，也可按计划的施工作业地点和性质不同划分，例如是否影响正线、是否影响车厂等。

（1）属于正常修程内的作业应结合设备检修计划进行，加强计划性。

（2）如在运营时间对设备进行临时抢修，须在停运后继续安排临时性的设备补修。

（二）施工计划申报程序

1. 向总调度所提出施工计划申请

必须向总调度所提出计划申请的施工检修作业范围：

（1）在列车运营线路（含出入库线）及其封闭区域以内的施工检修作业。

（2）在列车运营线路（含出入库线）及其封闭区域以外但对地铁运营组织工作有直接关系与影响的施工检修作业。

（3）停车场内影响列车正常出入库的施工检修作业。

（4）电力调度所管辖范围内的所有供电设备的清洁、保养、检修和改扩建等工作。

（5）在各种施工检修作业中，由于与电力设备的安全距离不够，威胁到人身安全而需要相关的电力设备停役的施工检修作业。

（6）与正线行车安全直接相关的通信、信号系统设备的清洗、保养、检修和改扩建等工作。

（7）其他经公司认定需要申报的施工检修作业。

2. 向总调度所提出电力施工计划申请

施工涉及城市轨道交通供电系统的，必须向总调度所提出电力施工检修计划申请的施工检修作业范围。

（1）电力调度所管辖范围内的所有供电设备的检修和清洁、保养工作。

（2）在各种施工检修作业中，由于与电力设备的安全距离不够，威胁到人身安全而需要相关的电力设备停役的施工检修作业。

（3）在电力调度管辖范围内，凡可能影响正常运行和安全的供电设备的施工检修作业。

（4）凡涉及电力调度管辖和许可范围内的新建、扩建、改建工程，以及需要接入地铁供电系统的供电设备。

3. 向总调度所提出环控施工计划申请

施工涉及城市轨道交通消防环控系统的，必须向总调度所提出环控施工检修计划申请的施工检修作业范围：

（1）影响环控调度系统的中央主机及系统网络的施工检修作业。

（2）影响消防报警系统以及各自动气体灭火系统的施工检修作。

（3）影响车站设备自控系统的施工检修作业。

（4）影响给排水系统的施工检修作业。

（5）影响事故冷却风机系统的施工检修作业。

（6）在环控调度管辖范围内，凡可能影响日常运营秩序和安全的站内施工检修作业。

4. 特殊情况下的计划申请

在运营时间内原则上不安排与运营设备有关的施工检修作业。因施工检修作业组织工作中的特定要求等特殊情况，需在运营时间内进行的施工检修作业，各施工检修单位必须提供书面或详尽的安全保障方案，并由主管安全服务的职能部门确认后，向总调度所提出计划申请。施工计划申报单应包括作业日期、作业部门、作业时间、作业区域、作业内容、供电安排、申报人、防护措施、备注（列车编组、配合部门及详细配合要求、联系电话等）。

5. 检修施工计划的批复

（1）施工检修单位提出计划申请后，3个工作日内由总调度所批复计划具体执行安排。

（2）每月15日、30日前，总调度所分别下达当月下半月及次月上半月的施工检修通告。

（3）根据施工检修计划调整变化情况，总调度所在每周的周五发布下周的调整施工检修通告。

（4）施工检修作业计划的实施以调整后的施工检修通告为准。

（三）施工计划的编制

1. 计划编制原则

（1）在确保安全的前提下，考虑均衡安排，避免集中作业。

（2）处理好列车的开行时间和密度、施工封锁等几方面的关系，避免抢时、争点现象。

（3）经济、合理地使用机车车辆，避免浪费资源。

2. 施工进场作业令

（1）凡进行计划施工，都必须领取施工进场作业令，以此作为请点施工的凭证。

（2）施工计划编制部门负责施工进场作业令的管理工作。

二、造成检修施工作业事故的主要原因

检修施工作业事故，通常是指在城市轨道交通系统按计划进行日常维修作业和临时抢修作业的过程中，发生并造成人员伤亡、设备或财产损失的事故。

造成检修施工作业事故的主要原因：

1. 违章作业

（1）进入线路施工的施工作业人员（包括外单位作业人员）未按要求穿荧光衣。

（2）进入检修施工现场不佩戴或不正确佩戴安全帽。

（3）电气作业没有使用绝缘工器具及防护用品。

（4）高处作业没有使用安全带。

（5）接触网停电检修或需接触网停电未按要求配合挂地线。

（6）未按要求在规定的线路施工区设置红闪灯。

（7）检修施工过程中未按规定进行动火作业。

（8）销点后，人员和设备未按规定时间出清施工区。

（9）人为造成安全装置失效或拆除了安全装置。

（10）使用不安全设备（使用木制长梯登高作业、使用无安全装置的设备）。

（11）擅自动用其他与本施工无关的设备设施。

（12）拒不执行监管人员及车站指令。

（13）擅自取消作业。

（14）未经施工请点，擅自作业。

（15）未按规定时间销点，擅自延时销点。

（16）擅自越出作业区域。

2. 准备不够

施工前的准备工作不到位。施工人员不熟悉施工项目、工作时间、工作地点、工作内容、各专业交叉施工作业情况、配合要求和安全注意事项等，造成组织混乱，或错去工作地点、或不按时到位、或不知如何配合他人、或工器具准备不齐全等。

3. 业务不精

施工负责人的业务不精，对施工过程的监控不严密；对施工安全存在的风险认识不够，主要表现在施工负责人的岗前培训不足，没有经过统一的考核认证，同时在施工作业过程中没有考虑工程车开行与其他施工作业人员的“安全保护区段”。

4. 身体因素

因身体健康状态不良、疲劳等原因导致注意力下降、不集中，从而导致作业伤害。

三、检修施工作业事故预防措施

（一）切实执行施工负责人（施工责任人）制度

施工负责人是指负责在主站办理进场作业登记和该项作业的组织、安全和管理的人员，每项施工作业需设立一名施工负责人。同一施工项目多个作业点进行，该施工项目除配备施工负责人外，各点（辅站）的施工需另设施工责任人，施工责任人在辅站办理进场作业登记和负责该作业点施工的组织、安全和管理。施工负责人（施工责任人）需经过培训后取得安全资格证书，并实行持证上岗制度。

1. 施工负责人（施工责任人）职责

（1）负责作业人员（设备）的管理。

（2）办理请（销）点手续。

（3）作业过程的组织指挥。

（4）及时与车站、车厂联系作业有关事项。

（5）组织设置（撤销）作业安全防护设施。

（6）出清作业区域（设备状态恢复正常）。

2. 施工负责人（施工责任人）任职条件

（1）熟知行车规章制度及有关规定。

（2）熟悉该项作业的性质、内容、方法、步骤、要求等。

（3）具备与该项作业相关的安全知识和技能。

（4）经过培训并考试合格，取得相关资格证书。

（二）加强施工防护

（1）接触网停电检修或需接触网停电配合挂地线时，在该作业地段两端挂接地线。

（2）站内或站间线路施工时，需在施工区域两端轨道上设置红闪灯防护。

（3）在折返线、存车线、联络线施工时，须在作业区域的可能来车方向处设置红闪灯防护。

（4）车站值班人员到站台检查红闪灯是否按规定摆放，并监督红闪灯状态是否良好。

（5）施工作业时除严格执行以上规定外，还要按施工部门的有关施工操作程序的防护规定执行。

（6）凡在运营时间内进行作业的，必须做好防护措施，确保城市轨道交通乘客的安全，最大限度减少对乘客的影响。

（三）做好施工现场协调和安全间隔保护工作

（1）人、工程车在同一区域作业时，由施工负责人与车长根据现场情况协调。

① 按施工前进方向，列车在前，人员在后，原则上不得颠倒或列车运行前后皆有作业。

② 非随车施工人员与列车应有一定的安全间隔，原则上列车不得随便后退，如有需要动车时，须施工负责人和车长协商后才能动车，确保人身安全。

③ 作业人员应在现场作业区的来车方向设置红闪灯防护。

（2）组织工程车运行时，在工程车运行的到达站前方必须保证至少有一个站台区间空闲。

（3）在开行工程车进行作业的封锁作业区前后方必须保证至少有一个站台区或站间区间空闲。

（4）在开行高速调试列车的封锁作业区前后方必须保证至少有一个站间区间空闲。

（5）凡进入线路施工的施工作业人员必须按要求穿荧光衣，并根据作业性质及作业要求使用其他安全防护用品。

（6）施工作业过程中如要进行动火作业，必须事先办理有关动火手续，严禁在未办理动火手续的情况下进行动火作业。

（7）外单位施工由主办部门或主配合部门负责安全管理、安全监督。

（8）各施工单位、部门在申报施工计划时应严格按照相关规定，结合施工作业过程中的实际情况，提出安全防护要求和配合要求。在施工作业过程中，施工单位、部门应严格遵守安全规定和施工进场作业令中的要求。

四、优化施工组织、减少施工对运营的影响

（一）施工时间的安排

（1）如有施工车运行时须等工程车过后才能开始施工。

（2）严格按照施工计划按时完成施工作业。

（3）每日末班车离开起点站后，可由车站根据施工登记表向行车调度请点。

（4）车厂内施工（作业）时间安排应严格按照施工计划的要求执行，车厂调度、维修调度、派班员应根据当日施工计划提前做好线路空闲、车辆和司机配合准备。

（二）施工的组织

1. 严格控制作业区范围及作业时间

（1）外单位施工负责人（责任人）须持安全资格相关证件，方可在城市轨道交通范围内进行施工。

（2）施工负责人持安全资格相关证件，方有资格申请城市轨道交通施工。

（3）持有安全资格相关证件的施工负责人，向施工计划编制部门申报施工计划。

（4）以主办部门或主配合部门名义申报的外单位作业，由外单位人员担任施工负责人，主办部门或主配合部门协助办理请（销）点。

2. 施工人员进出站规定

（1）施工负责人持作业令在作业令规定的施工开始时间前到达主站；施工责任人及维修人员在作业令规定的施工开始时间前到达辅站和相关车站；按规定程序办理施工作业手续。

（2）向内部相关部门配发车站紧急出入口的钥匙。施工人员遇特殊情况需在收车后到达车站的，施工负责人到内部相关部门申请领取车站出入口钥匙，经各站指定的紧急出入口进出车站，及时将出入口上锁。

（3）外单位的施工人员进出车站须提前与车站值班人员联系，并于关站前进站。特殊情况确需关站后进入的应事先与车站预约，车站根据预约的地点、时间，查验手续后开门放行。

3. 施工组织规定

（1）每日运营结束后，维修部门按计划对各设备系统进行检修作业，并应于规定时间内完成运行线路巡道和施工线路出清程序。

（2）在正线及辅助线施工开始前，施工负责人应进行施工登记，经行车调度批准、发布封锁命令。车站签认后，通知施工负责人设置防护信号，并送维修施工人员到站台端墙，确保施工人员进入正确的施工区域。

（3）对维修、调试、施工等作业按性质、地点分别组织：涉及正线的施工作业须经行车调度批准方可进行；涉及车厂内的施工作业须经车厂调度员同意方可进行，如影响正线行车须报行车调度批准；涉及车站的施工作业须经车站批准方可施工。

（4）在两站之间作业需要开行工程车时，由行车调度指定的车站值班员负责掌握施工情况，监督施工安全。

（5）施工结束后，负责线路出清、人员撤离现场，经检查确认撤除防护后，办理注销施工登记手续，车站报告行车调度取消封锁线路的命令。

（6）需由多个车站进入施工的作业项目，施工负责人除到主站办理外，还需核实辅站情况。辅站施工责任人在作业令规定的施工开始时间前到达辅站办理登记手续，辅站值班员向主站值班员核实施工事项并请点。主站接到行车调度允许施工的命令后，传达给施工负责人及辅站，辅站值班员允许施工责任人开始该作业点的施工。

（7）当多点销点时，辅站施工责任人负责本段线路出清并报施工负责人后，在辅站销点；辅站值班员向主站值班员销点；施工负责人负责该项作业区域全部出清后，方可报主站值班员销点，主站值班员向行车调度销点。

（8）有外单位作业时，由指定的施工主办部门或主配合部门人员协助办理清点后，方可开始作业。

五、安全开行工程车、保证施工过程安全进行

施工过程中，工程车的开行对城市轨道交通的行车安全有较大的影响。因此，工程车的开行必须保证其运行安全。

1. 行车调度统一指挥

行车调度负责统一指挥工程车开行，在进行作业安排时，有关人员应注意以下几点：

（1）工程车按正常列车办理，尾部必须挂有标志灯。工程列车中所有车辆的制动机应全部加入列车的制动系统，编入工程列车的车辆不准有关门车。工程列车挂有高度超过轨面一定高度的货物时，接触网必须停电。

（2）工程车进路排列由行车调度负责，行车调度在指挥工程车运行时要严格确认工程车运行前后有无施工作业。

（3）安排工程车作业时，必须严格按照划分的区域安排作业。

（4）工程车离开作业区返回时，车长、司机负责观察工程车返厂途中的前方线路出清情况，保证车上物品及部件不掉落，工程车在回库前向行车调度汇报。

（5）封锁区域工程车运行由施工负责人负责指挥。

（6）涉及接触网停电挂地线且需工程车配合的作业时，工程车到达作业区后，行车调度同意后才可挂地线；作业完毕，拆除地线，得到行车调度命令后司机方可动车回厂。

2. 工程列车开行

（1）工程列车在进入运营线前必须保证无线通信畅通，并按规定对列车技术状态进行全面检查，以确保行车和设备安全。

（2）工程列车的开行根据调度命令办理，严格按申报批准的运行经路、运行方式开行。推进运行时须在列车前部设专人引导，遇异常情况立即通知司机停车。工程列车在地面线路运行限速 60 km/h，隧道内限速 45 km/h，进站限速 15 km/h，侧向过岔限速 30 km/h。

（3）工程列车在进站、出站、运行至曲线前、站内或区间动车前，应按规定鸣笛示警。

（4）工程列车在车站装卸物料时，车站要负责监控，查看是否有物品侵限。

3. 工程列车、救援列车进出封锁区间

（1）维修调度负责向行车调度提出使用工程列车的计划（上人、设备地点和数量），由行车调度向车厂调度员发布调车指令。

（2）车厂调度员按行车调度的要求组织工程列车开行到车厂内指定地点。

（3）抢修工作执行部门原则上在工程列车到达后 10 min 内完成装载设备、物品等工作，并安排跟车人员上车。

（4）行车调度负责组织工程列车或救援列车从车厂至封锁区间前一站的运行，在封锁区间前一站把工程列车或救援列车交给维修调度，并命令该站向工程列车或救援列车交付进入封锁区间的调度命令。

（5）维修调度负责通知现场指挥指派一名联络员登乘工程列车或救援列车驾驶室，将进入区间的计划交给车长，由车长引导进入封锁区间，并按计划指挥动车。

（6）如封锁区间内有道岔、辅助线时，由车长与车站联系调车进路计划，车站安排好进路后通知车长，由车长指挥动车。

六、严格按照程序做好车站在施工期间的管理

1. 施工登记

（1）夜班行车值班员接班后，应仔细阅读《检修施工通告》，了解车站当天有关的施工内容及夜间施工车开行情况。

（2）施工负责人必须在施工前 15 min 与行车值班员取得联系，行车值班员核对登记内容与《检修施工通告》上的内容无误后给予登记。

（3）行车值班员将施工登记内容向行调报告，并得到行调同意及调度命令号码。

（4）行车值班员再次核对施工登记内容无误后，将调度命令号码记录在“施工单位”一栏内并签名确认同意施工。施工结束是异地注销的，行车值班员应将施工登记内容通报注销站行车值班员。

2. 施工注销

（1）施工结束后，施工负责人到车控室注销，行车值班员需让施工负责人在“施工结果”一栏内写清“人员、工具清，设备正常”。

（2）行车值班员向行调报告检修施工完毕，由行调下达注销调度命令号码。行车值班员将调度命令号码记录在“施工结果”一栏内，并签名确认施工已注销。

（3）异地注销：由注销站行车值班员向登记站行车值班员通报注销时间及注销调度命令号码；登记站行车值班员应在“施工注销”一栏内写清注销时间、由××站行车值班员×××电话通知施工注销。

3. 延长施工

（1）行车值班员应注意施工时间，施工时间已过且施工负责人未注销的，应及时汇报行调，根据行调命令执行。

（2）施工需延长时间的，施工负责人应在原定截止时间前 20 min 与行车值班员联系，由行车值班员向行调汇报，经同意后方可进行。

（3）施工延长不对原施工进行注销，由施工负责人另行进行登记，其调令号不变。

（4）待施工结束后，由施工负责人对两次施工分别进行注销（前次施工注销时间为后次施工的开始时间）。行车值班员汇报行调后，用同一命令号注销，按施工作业规定要求对两次施工进行签字、确认、注销。

4. 注意事项

（1）涉及行车设备的施工，在注销时，行车值班员需试验设备完好后，方可同意施工单位注销。

（2）如夜间有施工车开行的，行车值班员需特别注意施工登记内容，严防施工区段与施工车开行区间发生冲突。

（3）运行期间的站区一切施工，都要到车控室登记，对影响行车的施工（如下站线施工、在站台侵入限界的施工、施工动用行车设备）要通过行调同意方可进行。

（4）行车簿册登记时要笔迹清晰，内容完整，严禁涂改。

【案例 4-4】 ××地铁江南西站施工未设置红闪灯防护事件

一、事情经过

2008 年 1 月 17 日 00:25，纪念堂站行车值班员××通知江南西站行车值班员××施工：作业号码为 2A2-16-21，施工作业项目为轨旁通信、信号设备检查；作业区域为江南西—纪念堂上行线（不含江南西上行站台）。江南西站值班员××根据 17 日计划 2A2-17-14（作业项目：轨旁通信、信号设备检查，区域：纪念堂—江南西下行线）便认为纪念堂通知的施工作业区域为纪念堂—江南西下行线，并擅自将《施工登记表》中该项作业的区域修改为纪念堂—江南西下行线，其认为与表（3）（公园前—江南西站下行）第一次巡道的防护是共同防护，因此不需要再设防护，并在 00:52 才把此施工告知值班站长，值班站长××在接到施工共用防护时，没有与××认真核对《施工登记表》的填写内容，导致 2A2-16-21 的施工防护没有设置。

二、事件分析

（1）江南西站值班员安全意识淡薄，臆测行事。17 日 00:25，纪念堂站值班站长通知江南西站行车值班员有 2A2-16-21 施工需设防护时，江南西站在查找计划表和《当班情况登记表》内记录的施工内容过程中，只留意了作业内容，之后凭着抄写 17 日施工计划纪念堂—江南西下行线有轨旁通信、信号设备检查的记忆，没有同纪念堂站核对，误认为刚接到的施工与表（3）第一次巡道的防护是共同防护，不需要再设防护，是导致本次事件的主要原因。

（2）江南西站值班站长责任心不强，没有按规定向行车值班员认真布置施工作业。在当晚的施工布置中，施工作业内容是由行车值班员记录在《当班情况登记表》上，行车值班员没有认真看清《日补充计划》的日期，把 17 日的计划 2A2-17-14 记入了 16 日的重点施工学习内容中，直接导致施工作业内容布置错误。在接到行车值班员通知施工共用防护时，××没有认真核对《施工登记表》的填写内容，就认同值班员所说的“江南西—纪念堂的轨旁通信、信号设备检查施工”与表（3）第一次巡道的防护是共同防护的错误说法，是导致本次事件的同等主要原因。

（3）晓港中心站施工管理不到位，江南西站没有 1 月 16 日的施工日补充计划。当日值班人员登记本上的重点施工作业本应由值班站长布置、填写，而实际上由值班员布置，车站每日施工重点事项布置工作长期流于形式，员工责任心不强，违章操作，是导致本次事件的重要原因。

（4）海珠广场中心站对车站施工管理不到位。纪念堂站没有 1 月 16 日的施工日补充计划，在办理施工请点手续过程中，江南西站行车值班员在回复纪念堂站××时说：“29 分通知你已经设好防护”，没有具体说明防护设置的地点。没有认真确认对方防护设置的位置，没有起到互控作用，是导致本次事件的一定原因。

三、整改措施

（1）部门组织召开事件的分析会，查找分析事件发生的根本原因，杜绝同类事件的再次发生。

（2）江南西站行车值班员到部门脱岗学习两周，业务评估合格后再上岗。

（3）车站组织员工学习《行车设备维修施工管理规定》，教育员工要提高安全工作的责任心和敏感性，举一反三，查找安全工作中存在的隐患。

（4）主站和辅站要共同确认好施工内容、作业区域、作业代码、防护的设置位置及施工人数，严格按照呼唤应答制度执行操作，从而确保施工安全。

（5）站长加强对值班站长施工作业内容的抽问，做好施工的监督和管理。

（6）部门对中心站长抽查对施工作业等主要生产任务的掌握情况。

【案例 4-5】××地铁农讲所站巡道人员擅自进入区间事件

一、事件经过

2008 年 5 月 11 日凌晨 02:14，维修一部工建一分部巡检人员××、××到农讲所站车控室办理巡道计划表 3、表 4（农讲所—公园前下行、上行的巡检作业）请点登记手续。因距计划时间还有一个多小时，巡检人员××和××便一起到车站会议室等候车站通知。04:45，农讲所站行车值班员××向行调完成巡道计划表 3 请点手续后，就通知巡检人员××可以下线路了。巡检人员××接过行车值班员递给他的巡道计划表 3、表 4，在车控室门口把表 4 交给巡检人员并告知其可以下线路了。另一巡检人员未核对巡检表的车站审批记录，就与巡检人员一起从设备区通道楼梯下到站台区，进入了农讲所—公园前下行区间。05:08，另一巡检人员到达公园前 W905 道岔旁，将巡道包放在该道岔前的线路中间。此时，521 次工程车从农讲所开来并停在 W901 道岔前。

经调查，表 4 巡道员另一巡检人员擅自从农讲所站 A 端设备区楼梯直接进入线路，违反了总部的施工管理规定。

二、事件分析

（1）农讲所站行车值班员工作责任心不强，对表 4 施工负责人提前在《施工登记表》主站“施工负责人签署”栏签名的行为未进行制止，带来了一定的施工安全隐患。

（2）农讲所站行车值班员安全意识薄弱，填写《施工登记表》表 4 中车站部分的内容时，没有按规定逐项进行填写，并在请点和销点的“行车值班员”栏提前签名，违反了总部的施工管理规定。

（3）农讲所站当班值班站长安全意识薄弱，没有把已销点的红闪灯拿回车控室，而是放在监控亭作为下一次施工使用，违反了设置防护前要和行车值班员共同核对《施工登记表》填写内容的规定。

三、整改措施

（1）各中心站组织员工学习此次事件，吸取教训，杜绝类似事件的再次发生。

（2）各站行车值班员、值班站长应加强工作责任心，对施工负责人提前在《施工登记表》主站“施工负责人签署”栏签名的行为及时进行制止。

（3）各站行车值班员、值班站长应提高安全意识，《施工登记本》不能提前填写，应按规定进行填写。

（4）要求各站所有进入隧道的施工作业均由值班站长带领施工人员进入正确的施工区域，不能让施工人员从设备区进入隧道，确保作业安全。

（5）各站值班站长应按规定把已销点的红闪灯拿回车控室，不能放在站台或监控亭作为下一次施工使用。

（6）当出现施工不能按计划时间进行请点时，车站应告知施工人员原因及提醒其要等候车站的通知。

（7）各车站在设备区可以直接进入隧道的通道门上张贴告示，提醒施工人员不要自行进入隧道。

思考题

1. 影响行车安全的心理因素主要有哪些？
2. 如何消除情绪对行车安全的影响？
3. 如何消除疲劳对行车安全的影响？
4. 如何培养职工的安全动机和安全习惯？
5. 如何保证行车调度工作安全？
6. 预防列车驾驶发生事故的措施主要有哪些？
7. 车站行车安全工作的基本要求有哪些？
8. 发生接发列车作业事故的原因是什么？如何预防接发列车作业事故？
9. 发生调车作业事故的原因是什么？如何预防？
10. 车站在施工期间如何进行安全管理？
11. 施工期间如何开行工程列车？

第五章

城市轨道交通人身伤亡事故的预防

【学习目标】

通过本章学习，能够了解造成火灾（毒气）事故的原因，掌握一定的防火灭火基础知识，学会火灾自救与逃生方法；了解造成常见电气事故的主要原因，掌握一定的电气安全基本知识，熟悉预防电气事故的措施；熟悉城市轨道交通的安全色与安全标志，掌握城市轨道交通危险源的辨识与控制方法。在实际工作中能够采取切实可行的措施，最大限度地防止人身伤亡事故的发生。

研究和探讨城市轨道交通运营中人身安全问题发生的原因和规律，采取切实可行的措施，最大限度地防止人身伤亡事故的发生，在城市轨道交通运营安全管理中，具有十分重要的意义和作用。

第一节 火灾（毒气）事故的预防

火灾（毒气）事故在城市轨道交通运营中时有发生。由于城市轨道交通的车站以及列车运行大多处于相对封闭的空间内，一旦发生火灾（毒气）事故，就会给城市轨道交通的人员和设备带来重大的损失。具备分析城市轨道交通火灾（毒气）事故的特点、发生的原因、种类，能够按照预案正确使用消防设备，及时处理火灾（毒气）事故的能力以及在日常工作中高度的火灾（毒气）事故的预防意识是城市轨道交通安全管理的基本内容之一。

一、造成火灾（毒气）事故的原因

1. 电气线路、电气设备故障引发火灾

城市轨道交通车站（含城市轨道交通列车）内电气线路、电气设备高度密集，这些电气线路和设备在运行中发生短路、过负荷、过热等故障是引发城市轨道交通火灾事故的重要因素。

2. 人为因素引发火灾

工作人员违章操作、用火不慎，乘客携带易燃、易爆危险品乘车、在城市轨道交通车站内吸烟、人为纵火等也可能引发城市轨道交通火灾事故。

3. 环境因素引发火灾

环境因素引发的火灾主要是因为城市轨道交通内部潮湿、高温、粉尘大、鼠害等因素。城市轨道交通内部通风不畅、隧道散热不良等原因导致温度过高；隧道内漏水情况比较普遍，地下湿气不易排出，导致地下空间湿度大；老鼠等小动物啃咬电缆电线。上述环境因素可能造成电气设备、线路绝缘性能下降，造成电气设备短路引起火灾。

4. 与城市轨道交通车站合建的外来建筑物带来的危害因素

与城市轨道交通车站合建的外来建筑物带来的危害因素，特别是处于中心闹市区的城市轨道交通车站，常常与地面商业建筑合建。由于商场、车库、写字楼等商业场所具有较高的火灾风险，同时此类场所的风险管理和控制工作通常不由城市轨道交通企业控制，因此较城市轨道交通运营本身而言相对薄弱，一旦发生火灾、爆炸及其他灾害，不仅可能对城市轨道交通的正常运营带来影响，严重时甚至可能造成城市轨道交通财产和人身方面的重大损失。对于存在此类商业经营场所的城市轨道交通车站，除城市轨道交通本身风险以外的各种风险（包括火灾和爆炸的风险）不容忽视。

5. 毒气事件原因

在发生火灾时，还易产生浓烟和大量的有毒气体。另外，人为投毒也是毒气事故的主要原因，1995 年，日本东京地铁沙林毒气事件，造成 12 人伤亡、14 人终身残疾、5 500 多人受伤。

二、防火灭火基础知识

（一）防火基本知识

一切防火措施都是以防止燃烧的 3 个条件同时结合在一起为目的。

1. 防火基本方法

控制可燃物，隔绝助燃物，消除着火源。

（1）控制可燃物。如以难燃或不燃材料代替易燃材料，对性质相互抵触的化学危险物品采用分仓、分堆存放等。

（2）隔绝助燃物。如对密闭容器抽真空以排除容器内的氧气，在容器内充入惰性气体等。

（3）消除着火源。如在易燃易爆场所严禁烟火，在有火灾危险的场所严格控制电焊、气割等动火作业。

2. 化学危险品

所谓危险物品，是指具有爆炸、易燃、毒害、腐蚀、放射性等特性，在运输、储存、生产、经营、使用和处置过程中，容易造成人身伤亡、财产损失或环境污染而需要特别防护的物质和物品。其中的化学物品则称为化学危险品，如黄色炸药、烟花爆竹、枪弹、雷管、一氧化碳、二氧化碳、石油气、氢气、氧气、液化石油气、煤气、汽油、酒精（乙醇）、丙酮、油漆类、松节油、染色剂、香蕉水、磷、钠、钾、铝粉、锌粉、亚硝酸钠、高锰酸钾、漂白粉、硝酸钠、敌敌畏、灭鼠药、敌百虫、氰化钾（钠）、钴 60、夜光粉、锆英石、盐酸、硝酸、硫酸、磷酸等。

（二）灭火基本知识

火灾通常都有一个从小到大、逐步发展、直到熄灭的过程。火灾过程一般可分为初起、发展、猛烈、下降和熄灭五个阶段。在火灾初期阶段（一般为着火后 5 ~ 7 min），燃烧面积不大，火焰不高，辐射热不强，是扑救的最好时机，只要发现及时，用较少的人力和应急消防器材就能将火控制或扑灭。

灭火的基本方法是根据起火物质的燃烧状态，为破坏燃烧必须具备的基本条件而采取的一些措施。灭火的基本方法有以下几种：

（1）冷却灭火法。就是将灭火剂直接喷洒在可燃物上，使可燃物的温度降低到燃点以下，从而使燃烧停止。用水扑救火灾的主要作用就是冷却灭火。

（2）窒息灭火法。就是采取措施，阻止空气进入燃烧区，或用惰性气体降低空气中的含氧量，使燃烧物质因缺乏氧气而熄灭。如用湿棉被、湿麻袋覆盖在燃烧着的液化石油气瓶上。

（3）隔离灭火法。就是将附近的可燃物质与正在燃烧的物品隔离或者疏散开，从而使燃烧停止。如拆距火源相毗邻的易燃建筑物结构，建立阻止火势蔓延的空间地带。

（4）化学抑制灭火法。就是将化学灭火剂喷入燃烧区参与燃烧反应，中止链反应而使燃烧反应停止。最常见的就是用灭火器向着火点喷射灭火。

三、城市轨道交通消防安全

1. 城市轨道交通火灾特点

城市轨道交通大部分运行于由车站和隧道构成的相对封闭的空间内，人和设备高度密集。在这种特殊的环境中，一旦发生火灾事故，其危害将是极其严重的。主要原因有：

（1）地下空间狭窄，大大增加了灭火救援的困难。

（2）火灾产生的烟气在相对封闭的空间内弥漫，容易造成人员窒息死亡。

（3）城市轨道交通地下空间人员疏散困难，乘客在紧急情况下容易发生惊慌、相互拥挤而造成踩踏伤亡。

2. 城市轨道交通消防安全管理

城市轨道交通运营管理部门应结合运营特点制定完善的消防安全管理制度，对消防组织、消防安全责任、消防安全教育和培训、防火检查、消防值班、消防设施（器材）管理、动火管理、消防安全隐患整改、消防应急预案及演练、消防档案管理等方面进行规范，对消防安全进行严格管理。

四、消防设备设施及其使用方法

（一）灭火器

灭火器是一种轻便的灭火器材，是扑救初起火灾最常用的灭火设备。灭火器种类较多，在城市轨道交通范围内使用的主要有干粉灭火器、二氧化碳（CO_2）灭火器、泡沫灭火器 3 种。

1. 手提式干粉灭火器

手提式干粉灭火器主要有 MF1、MF2、MF3、MF4、MF5、MF6、MF8、MF10 等型号，主要用来扑救固体火灾（A 类）、液体火灾（B 类）、气体火灾（C 类）和电气火灾。

（1）使用方法。扑救火灾时，手提或肩扛干粉灭火器到火场，上下颠倒几次，离火点 3 ~ 4 m 时，撕去灭火器上的封记，拔出保险销，一只手握紧喷嘴、对准火源，另一只手的大拇指将压把按下，干粉即可喷出，并迅速摇摆喷嘴，使粉雾横扫整个火区，由近而远，将火扑灭。

（2）注意事项。灭火要果断迅速，不要遗留残火，以防复燃；扑灭液体火灾时，不要冲击液面，以防液体溅出，造成灭火困难。

（3）检查方法。发现指针指在红色区域或开启使用过，就表明已失效，应送修。

（4）有效期。一般为 5 年。

2. 二氧化碳（CO_2）灭火器

二氧化碳灭火器适用于扑救液体、气体、电气设备的初起火灾，如带电的电路、贵重设备、图书资料等。二氧化碳灭火器的型号有 MT2、MT3、MT4、MT7 等 4 种，按开关方式分为手枪式、鸭嘴式两种。

（1）使用方法。首先将灭火器提到距起火地点约 5 m 处，放下灭火器，一只手握住喇叭形喷筒根部的手柄，把喷筒对准火焰，另一只手迅速旋开首轮或压下压把，气体就喷射出来。当扑救液体火灾时，应使二氧化碳射流由近而远向火焰喷射，如果燃烧面较大，操作者可左右摆动喷筒，直至把火扑灭。当扑救容器内火灾时，操作者应手持喷筒根部的手柄，从容器的一侧上部向燃烧的容器中喷射，但不能将二氧化碳射流直接冲击可燃液面，以防击将可燃液体冲出容器而扩大火灾。总之，使用二氧化碳灭火器灭火时，应设法把二氧化碳尽量多地喷射到燃烧区域内，使之达到灭火浓度而使火焰熄灭。

（2）注意事项。灭火器在喷射过程中应保持直立状态，切不可平放或颠倒使用；不要用手直接握喷筒或金属管，以防冻伤；在室外使用时应选择在上风方向喷射，在室外大风条件下使用时，喷射的二氧化碳气体被风吹散，灭火效果极差；在狭小的室内使用时，灭火后操作者应迅速撤离，以防窒息而发生意外，火灾完全扑灭后应打开门窗通风。

（3）检查方法。定期对灭火器进行称重，如泄漏的灭火剂质量大于总质量的 1/10 时，应补充灭火剂。

3. 机械泡沫和合成泡沫灭火器

（1）使用范围。泡沫灭火器用来扑灭固体、液体火灾，不能扑灭带电火灾。

（2）使用方法。离火点 3 ~ 4 m 时，撕去灭火器上的封记，拔出保险销，一只手握紧喷嘴，对准火源，另一只手的大拇指将压把按下，泡沫即可喷出，此时迅速摇摆喷嘴，使泡沫横扫整个火区，由近而远，将火扑灭。

（3）检查方法。发现指针指在红色区域或开启使用过，就表明已失效，应送修。

（4）有效期。一般为 2 年。

（二）消火栓给水系统

城市轨道交通消火栓给水系统主要由消防水源（市政供水或消防水池）、消防水管、室内消火栓箱（包括水带、水枪、消防软管卷盘）和室外消火栓、消防水泵、消防水泵控制器等组成。

1. 消火栓的使用

（1）打开消火栓箱，取出水带。

（2）抛水带。右手握住水带，然后用力向正前方抛出，使水带向正前方摊开。

（3）接水带。右手将水带接头与消火栓接头对接，并顺时针转动至卡紧为止。

（4）接水枪、打开水龙头。迅速拿起另一头水袋接头，一手拿水枪向着火部位冲去，将水枪头接上水袋接口，并将水龙头打开。

（5）扑灭。射水时，采取包围灭火战术阻止火势和烟雾气向四周扩散，以便有效控制直接将火扑灭。注意：如遇电气火灾，应先断电后灭火。

2. 消防软管卷盘的使用

消防软管卷盘一般供扑救初起火灾使用。

使用消防软管卷盘时，首先打开箱门将卷盘旋出，拉出胶管和小口径水枪，开启供水闸阀即可进行灭火。消防软管卷盘除绕自身旋转外，还能随箱门旋转，比较灵活，不需将胶管全部拉出即能开启阀门供水。使用完毕后，先关闭供水闸阀，待胶管排除积水后卷回卷盘，将卷盘转回消火栓箱。

（三）自动喷水灭火系统

自动喷水灭火系统是按一定的间距和高度安装一定数量喷头的供水灭火系统、干式自动喷水灭火系统、预作用式自动喷水灭火系统等。安装自动喷水灭火系统的场所发生火灾时，该系统能自动喷水灭火并自动报警。在所有固定式灭火设备中，自动喷水灭火系统具有使用范围最广、价格最便宜的特点。它工作性能稳定，灭火效果好，因而广泛应用于可以用水灭火的场所。

1. 湿式自动喷水灭火系统的组成

湿式自动喷水灭火系统一般由以下 4 部分组成：

（1）湿式报警阀装置部分。主要由湿式阀、延时器、水源、系统压力表、报警控制阀、过滤器、止回阀、主排放阀、节流阀组件等组成。

（2）报警控制部分。主要由压力开关、流水指示器、水力警铃、报警控制柜等组成。

（3）供水部分。主要由蓄水池、水泵、压力水罐、高位水箱、水泵接合器等组成。

（4）管网部分。主要由闭式玻璃球喷水、供水管、电磁阀门、末端泄放装置等组成。

2. 湿式自动喷水灭火系统的动作原理

湿式自动喷水灭火系统的管网内充满了水，并保持一定的压力。被保护区域发生火灾后，当火灾区域燃烧产生的热气达到一定温度（70 °C）时，洒水喷头的玻璃球受热膨胀破裂，喷头开始喷水灭火。同时，另一股水流流入报警通道，经延时器至压力开关，水力警铃开始报警，相关信号被发送到消防水泵控制柜，启动消防水泵供水。

（四）气体灭火系统

以气体作为灭火介质的灭火系统称为气体灭火系统。根据灭火介质的不同，气体灭火系统可分为卤代烷 1301 气体灭火系统、二氧化碳气体灭火系统、烟烙烬气体灭火系统等。

气体灭火系统主要用于保护车站内火灾危险性较高的或重要的设备房，如高低压室、整流变电室、换空电控室、信号设备室、屏蔽门控制室等，部分主变电站、集中冷站的重要设备房也设有气体灭火系统。

1. 气体灭火系统的组成

气体灭火系统由药剂储存和喷放设备、报警和控制设备组成。药剂储存和喷放设备主要包括气体钢瓶、钢瓶固定支架、瓶头阀电磁启动器、瓶头阀手动启动器等。报警和控制设备主要包括火灾探测器、控制盘、手拉开关、紧急停止开关、手动/自动选择开关、警铃、蜂鸣器和闪灯、气体释放指示灯等。

2. 气体灭火系统的控制方式

气体灭火系统一般具有自动控制、手动控制和应急操作 3 种操作方式。

（1）自动控制。气体灭火系统控制盘具有两个独立的区域探测回路，在自动控制状态下，当保护区域内某一回路报火警时，控制盘启动联动设备（如关闭防火阀、关闭风机等），并同时启动警铃，发出一级火灾报警信号给火灾自动报警系统（FAS）。当另一探测回路也报火警时，控制盘内蜂鸣器鸣响，并发出二级火灾报警信号给火灾自动报警系统，经过30 s延时后，控制盘发出控制信号，启动对应区域的选择阀和对应主动气瓶上的电磁阀，将灭火药剂释放到保护区进行灭火，同时灭火区域门外的气体释放指示灯闪亮。

（2）手动控制。有人到现场确认时，若发现确有火灾发生，则应通知保护区内的人员疏散，并关好门窗。若系统仍没喷气，则手动操作按下释放按钮。若手动按钮失灵，则到气瓶间开启对应火灾区域电磁选择阀上的手动启动器，同时开启对应区域主动气瓶瓶头的手动启动器。事故处理完毕后应进行系统复位。

若火警属于误报，则应在按住“止喷”按钮的同时将开关打到手动状态，停止喷气，然后进行消音及系统复位、防火阀复位，使系统恢复正常状态。

（3）应急操作。气体灭火系统还具有自我故障检测功能，将系统的故障通过显示面板报告给维护人员，由维护人员根据具体情况采取相应的措施，同时将故障信号发送到火灾自动报警系统。

（五）火灾自动报警系统

火灾自动报警系统（Fire Alarm System，FAS）是为了及早发现、通报火灾，以便及时采取措施扑灭火灾而设置于建筑物内的一种自动消防设施。

通常，城市轨道交通每一条线的火灾自动报警系统以环网方式将各车站的报警控制器构成一个整体网络，在控制中心能对全线报警系统实行监控管理，随时掌握全线动态情况，在其所管辖范围内，对火灾状况进行监测报警和实施有关消防操作。火灾自动报警系统主要实现火灾监测的报警、其他系统消防设备的监视及控制、系统故障报警、消防电话通信等重要功能。

在城市轨道交通各车站、主变电所、车辆段、集中冷站、区间风机房和控制中心大楼均设有火灾自动报警系统，分为车站级和中央级两级。

车站级设备包括火灾报警控制盘与站级计算机图形中心、站内的自动报警设备、手动报警器、消防紧急电话等。

中央级设备为安装在控制中心的中央级计算机图形中心，作为全线火灾自动报警系统的操作管理和资料存档管理平台，随时接收显示各车站传送来的报警信号，对车站报警点按全貌、分区等逐级进行图形显示，并打印、存档各类信息资料。

（六）机电设备监控系统

机电设备监控系统是将环控、低压、照明、给排水、屏蔽门等设备以集中监控为目的而构成的综合自动化系统。机电设备监控系统实现了对现场机电设备运行状态进行实时集中监视、控制和报警，降低了设备操作的复杂性和操作难度，能够协调设备动作。在消防功能方面，机电设备监控系统有如下功能：

（1）接收火灾自动报警系统送来的火灾信息，控制车站相关设备执行设定的火灾模式，如控制环控系统执行排烟模式，开启紧急疏散导向，切断三级电源。

（2）列车发生火灾时，接收行车信号系统送来的列车区间停车位置信号，控制隧道通风系统进行排烟。

机电设备监控系统通常由中央、车站、就地三级实现对相关设备的监视和控制。

五、火灾自救与逃生方法

许多火灾事故中，有的人能死里逃生，有的人却丧身火海，这固然与火势大小、起火地点、起火时间、建筑物内消防设施、扑救是否及时等因素有关，但受害者火场积极自救、互救而成功逃生是不乏先例的。能否成功从火海逃生取决于被困者的自救知识和相应的自救能力。除突发性爆炸、爆燃等火灾事故外，在绝大多数火灾现场中，被困人员是可以逃生自救的。因此，掌握一定的消防知识，增强自救意识，提高逃生技能，对每一个人来说都是非常必要的。

（一）城市轨道交通车站火灾自救与逃生

（1）贯彻“救人第一，救人与灭火同步进行”的原则，积极施救。

（2）火灾发生后，车站工作人员应首先做好乘客的疏散、救护工作。

（3）把握起火初期的关键时间，在消防员到来之前积极组织灭火自救。

（4）车站工作人员开展灭火自救工作时应注意做好个人防护。

（5）消防员到场后，灭火任务应交给消防员。

（6）当火势不可控制，可能危及自身生命安全时，车站工作人员应主动撤离。

（7）乘客在车站遇到火灾时，应服从工作人员指挥，听从事故广播指引，沿疏散标志指示方向出站逃生。

（8）车站发生火灾时，不要使用垂直升降电梯。

（二）城市轨道交通列车火灾自救与逃生

1. 列车在车站内发生火灾时的逃生

（1）乘客应保持镇静。

（2）按压车厢内的紧急情况按钮或紧急通话器，通知司机车厢内发生的情况。

（3）在可能的情况下，使用车载灭火器灭火。

（4）必要时可拉下列车车门紧急解锁手柄，向两侧用力推开车门。

（5）向站外方向疏散。

2. 列车在隧道内发生火灾时的逃生

（1）乘客应保持镇静。

（2）按压车厢内的紧急情况按钮或紧急通话器，通知司机车厢内发生的情况。

（3）在可能的情况下，使用车载灭火器灭火。

（4）列车将会尽可能运行到车站进行人员疏散，因此，乘客应听从列车广播的指挥，千万不要惊慌失措，不要乱动车厢内的其他设备。

(5) 在列车无法到达前方车站而又需要紧急疏散的情况下，车厢内乘客应该听从列车广播的指挥，按照本线路的隧道内疏散方式疏散。

第二节　电气事故的预防

电气安全主要包括人身安全与设备安全两个方面。人身安全是指在从事工作和电气设备操作使用过程中人员的安全；设备安全是指电气设备及有关其他设备、建筑的安全。

一、常见电气事故的主要原因

（1）电气线路、设备检修中措施不落实。

（2）电气线路、设备安装不符合安全要求。

（3）非电工任意处理电气事务。

（4）接线错误。

（5）操作漏电的机器设备或使用漏电电动工具，包括设备、工具无接地、接零保护措施。

（6）设备、工具已有的保护线中断。

（7）带电源移动设备时因损坏电源绝缘。

（8）电焊作业者穿背心、短裤，不穿绝缘鞋，汗水浸透手套，焊钳误碰自身，湿手操作机器按钮等。

（9）因暴风雨、雷击等自然灾害导致。

（10）现场临时用电管理不善导致。

二、电气安全基本知识

（一）电气事故分类

（1）电气事故按发生灾害的形式，可以分为人身事故、设备事故、电气火灾和爆炸事故等。

（2）按发生事故时的电路状况，可以分为短路事故、断线事故、接地事故、漏电事故等。

（3）按事故严重程度划分，可分为特大事故、重大事故和一般事故。

（4）按事故的基本原因，电气事故可分为以下几类：

① 触电事故。指人身触及带电体（或过分接近高压带电体）时，由于电流流过人体而造成的人身伤害事故。触电事故是由于电流能量施于人体而造成的。触电又可分为单相触电、两相触电和跨步电压触电 3 种。

② 雷电和静电事故。指局部范围内暂时失去平衡的正、负电荷，在一定条件下将电荷的能量释放出来，对人体造成的伤害或引发的其他事故。雷击常可摧毁建筑物，伤及人、畜，还可能引起火灾；静电放电的最大威胁是引起火灾或爆炸事故，也可能造成对人体的伤害。

③ 射频伤害。指电磁场的能量对人体造成的伤害，亦即电磁场伤害。在高频电磁场的作用下，人体因吸收辐射能量，各器官会受到不同程度的伤害，从而引起各种疾病。除高频电磁场外，超高压的高强度工频电磁场也会对人体造成一定的伤害。

④ 电路故障。指电能在传递、分配、转换过程中，由于失去控制而造成的事故。线路和设备故障不但威胁人身安全，而且也会严重损坏电气设备。

以上 4 种电气事故，以触电事故最为常见。但无论哪种事故，都是由于各种类型的电流、电荷、电磁场的能量不适当释放或转移而造成的。

（二）电气事故的特点

（1）电气事故所造成的危害大。电气事故往往会影响生产和生活，造成财产损失和人员伤害，甚至还可能造成人员死亡，影响社会秩序。

（2）电气事故所引发的危险难以直接识别。由于电能看不见、听不到、嗅不着，比较抽象，不具备可直观识别的特征。因此，电能传输和使用过程中引发的危险不易为人们所察觉，电气事故往往来得猝不及防。

（3）电气事故涉及领域广。电气事故不仅发生在用电领域（如触电、设备和线路故障等），还可能发生在一些非用电场所，这是因为电能的释放也会造成灾害或伤害（如雷电、静电和电磁场危害等）。电能的使用十分广泛，只要使用电，就有可能发生电气事故，所以必须重视电气安全，考虑电气事故的防护问题。

三、防止电气事故的措施

防止电气事故，既要有技术措施又要有组织管理措施，归纳起来有以下几个方面：

（1）防止接触带电部件。常见的安全措施有绝缘、屏护和安全间距。

绝缘：即用不导电的绝缘材料把带电体封闭起来，这是防止直接触电的基本保护措施。

屏护：即采用遮拦、护罩、护盖、箱闸等把带电体同外界隔离开来。

间距：为防止人体触及或接近带电体，防止车辆等物体碰撞或过分接近带电体，在带电体与带电体，带电体与地面，带电体与其他设备、设施之间，皆应保持一定的安全距离。

（2）防止电气设备漏电伤人。保护接地和保护接零，是防止间接触电的基本技术措施。

保护接地：即将正常运行的电气设备不带电的金属部分和大地紧密连接起来。其原理是通过接地把漏电设备的对地电压限制在安全范围内，防止触电事故。保护接地适用于中性点不接地的电网中，电压高于 1 kV 的高压电网中的电气装置外壳，也应采取保护接地。

保护接零：在 380/220 V 三相四线制供电系统中，把用电设备在正常情况下不带电的金属外壳与电网中的零线紧密连接起来。

（3）采用安全电压。安全电压，是指为了防止触电事故而由特定电源供电所采用的电压系列。我国规定的安全电压额定值的等级为 42 V、36 V、24 V、12 V、6 V。当电气设备采用的电压超过安全电压时，必须按规定采取防止直接接触带电体的保护措施。

（4）漏电保护装置。漏电保护装置又称触电保安器，在低压电网中发生电气设备及线路漏电或触电时，它可以立即发出报警信号并迅速自动切断电源，从而保护人身安全。

（5）合理使用防护用具。在电气作业中，合理匹配和使用绝缘防护用具，对防止触电事故，保障操作人员在生产过程中的安全健康具有重要意义。绝缘防护用具可分为两类，一类是基本安全防护用具，如绝缘棒、绝缘钳、高压验电笔等；另一类是辅助安全防护用具，如绝缘手套、绝缘（靴）鞋、橡皮垫、绝缘台等。

（6）安全用电组织措施。防止触电事故，技术措施十分重要，组织管理措施亦必不可少。其中包括制定安全用电措施计划和规章制度，进行安全用电检查、教育和培训，组织事故分析，建立安全资料档案等。

四、城市轨道交通电气安全

1. 相关电气设备

（1）接触网。沿轨道线路架设，向电客车供给电能的特殊形式的输电线路，包括架空柔性接触网、架空刚性接触网和接触轨。

（2）牵引轨。用来流回牵引电流的钢轨。

（3）隔离开关。用来在接触网无负荷的情况下切断或闭合供电回路的电气设备。

（4）接触线。接触悬挂中与受电弓接触的传导电流的导线。

（5）承力索。接触悬挂中用来承受接触悬挂重量的缆索。

（6）接触轨区域。安装有接触轨的轨行区。

2. 预防电气化线路电气事故的措施

（1）接触网的各导线（如接触线、承力索、馈线、吊弦等）及其相连部件（如腕臂、定位器、定位管、拉杆、避雷器等）都带有高压电，禁止直接或间接接地（指通过任何物件，如棒条、导线、水流等）与上述设备接触。

（2）当接触网的绝缘不良时，在其支柱、支撑结构及其金属结构上，在回流电缆与钢轨的连接点上，都可能出现高电压，因此，平常应避免与上述部件接触；当接触网绝缘损坏时，禁止与之接触。

（3）为保证人身安全，任何人员及其携带的物体（经检测合格的工具除外）应与带电接触网、受流器保持足够的安全距离。1 500 V_{DC}接触网的安全距离为 700 mm。

（4）进行在接触网上或接触网距离小于其安全距离的作业前，接触网必须停电，并做好安全措施后方可工作。一般来说，其安全措施是停电、验电、挂接地线和悬挂标志牌。

（5）接触网断线及其部件损坏或接触网上挂有异物时，不得与之接触，并应对该处加以防护，任何人员均应与断线落下点保持 8 m 以上距离，以防跨步电压触电。

（6）当行人持有木棒、竹竿、彩旗和皮鞭等高长物件，过道口走近接触网下时，不得高举挥动，须使物件保持水平状态走过道口。

（7）汽车过平交道口时，货物装载高度（从地面算起）不得超过 4.5 m；在装载高度超过 2 m 的货物上，通过道口时严禁坐人。

（8）当区段内接触网停电接地时，不得向该区段接发电客车；当司机发现接触网异常或出现故障时，要立即停车并降下受电弓。

（9）在接触网没有停电并接地的情况下，禁止到电客车、内燃机车及工程车车顶上进行任何作业。检修库内，在接触网停电并接地以前，禁止登上车顶平台。

（10）凡可能进入接触轨区域的地方必须张贴"当心触电"警告标志。

（11）所有进入接触轨区域的人员必须穿绝缘鞋（或绝缘靴）和有高可见度的反光背心。

（12）除接触网专业人员按规定检修接触轨设备外，其他任何人员，即使在接触轨已经停电挂地线的情况下，也不得擅自接触、碰摸接触轨及其附件。

（13）安装有接触轨的轨行区需疏散乘客时，原则上接触轨应停电，做好安全防护后再组织疏散。

（14）倒闸操作、验电、挂拆接地线、处理接触网（轨）上异物时，操作人员必须戴高压绝缘手套。

（15）带电更换低压熔断器时，操作人员要戴防护眼镜，站在绝缘垫上，并要使用绝缘柄钳或戴绝缘手套。

第三节　安全色与安全标志

为了提醒人们对不安全因素引起注意，预防发生意外事故，国家有关部门以标准或其他形式规定生产经营场所统一使用各类不同颜色及不同图形的标志（即安全色和安全标志）。安全色和安全标志以形象而醒目的信息语言向人们提供了表达禁止、警告、指令、提示等信息，了解它们表达的安全信息对于在工作、生活中趋利避害、预防事故发生有重要作用。

一、安全色

（一）安全色和对比色的定义

安全色是用来表达禁止、警告、指令、提示等安全信息含义的颜色。其作用是使人们能够迅速注意到影响安全、健康的对象或场所，提醒人们注意，以防发生事故。（我们这里所说的安全色不适用于灯光信号、荧光颜色和航空、航海、内河航运以及为其他目的使用的颜色。）

对比色是使安全色更加醒目的反衬色。为了提高安全色的辨别度，在安全色标上一般采用对比色。如红色、蓝色和绿色均用白色作对比色，黑色和白色互作对比色，黄色用黑色作对比色，也可使红白相间、蓝白相间、黄黑相间条纹表示强化含义。

（二）安全色和对比色的种类和用途

1. 安全色的种类和用途

安全色有红色、蓝色、黄色、绿色 4 种。其含义和用途如下：

（1）红色。其含义为禁止、停止、消防。例如：城市轨道交通列车受电弓的支架部分一般应涂成红色，表示高压危险，禁止触摸；机器、车辆上的紧急停止按钮或手柄，以及禁止人们触动的部位也应涂成红色；灭火器等用来防火、灭火的器具也涂成红色。

（2）蓝色。其含义为指令必须遵守的规定。例如：必须佩带个人防护用具；道路上指引车辆和行人行驶方向的指令等。

（3）黄色。其含义为警告、注意。例如：警告标志；厂内危险机器和坑沟周边的警戒线，行车道中线，安全帽；城市轨道交通站台安全线等。

（4）绿色。其含义为提示、安全状态、通过、允许、工作。例如：提示标志；车间内的安全通道；车辆和行人通过标志；消防设备和其他安全防护设备的位置；“在此工作”标志牌等。

注：① 蓝色只有与几何图形同时使用时才表示指令；② 道路上的提示标志采用蓝色，不采用绿色，以免与道路两旁的绿色树木混淆。

2. 对比色的种类和用途

对比色一般有黑、白两种颜色。黑色用于安全标志的文字、图形符号和警告标志的几何边框。白色既可以用于安全标志红色、蓝色、绿色的背景色，也可以用于文字和图形符号。

安全色与对比色同时使用时一般按照红色、蓝色、绿色与白色，黄色与黑色的原则搭配。另外，黑色和白色互为对比色。

通常使用的相间条纹有红色与白色相间、黄色与黑色相间、蓝色与白色相间、绿色与白色相间 4 种，其用途为：

（1）红白相间：其含义为禁止越入。例如道路上使用的防护栏杆和隔离墩。

（2）黄黑相间：其含义为警告注意。例如当心滑跌标志。

（3）蓝白相间：其含义为必须遵守。例如交通导向标志。
（4）绿白相间：其含义为使标志牌更醒目。例如安全标志杆。

二、安全标志

（一）安全标志的定义

（1）安全标志由安全色、几何图形、图形符号或文字构成，用以表达特定的安全信息。

（2）辅助标志是安全标志的文字说明或补充。辅助标志必须与安全标志同时使用在一个矩形载体上，称为组合标志。在同一矩形载体上含有两个或两个以上安全标志并且有相应辅助标志的标志，称为多重标志。

（二）安全标志的作用

安全标志的作用是引起人们对不安全因素的注意，以达到预防事故发生的目的，但不能代替安全操作规程和安全防护措施。

（三）安全标志的类型

安全标志分为禁止标志、警告标志、指令标志和提示标志 4 类。这 4 类标志用 4 个不同的几何图形来表示。

1. 禁止标志

禁止标志是禁止人们不安全行为的图形标志。禁止标志的几何图形是带斜杠的圆环，图形符号为黑色，几何图形为红色，背景色为白色。我国规定的禁止标志共有 28 个，即禁放易燃物、禁止吸烟、禁止通行、禁止乘车、禁止攀登、修理时禁止转动、运转时禁止加油等。

2. 警告标志

警告标志是提醒人们注意周围环境、避免可能发生的危险的图形标志。警告标志的几何图形是正三角形边框，图形符号、几何图形为黑色，背景色、衬边为黄色。我国规定的警告标志共有 30 个，即注意安全、当心触电、当心爆炸、当心火灾、当心腐蚀、当心中毒、当心机械伤人、当心伤手、当心吊物、当心扎脚、当心落物、当心坠落、当心车辆、当心弧光、当心冒顶、当心瓦斯、当心塌方、当心坑洞、当心电离辐射、当心裂变物质、当心激光、当心微波、当心滑跌等。

“三角黑色闪电”警告标志，是为预防电击和迅速辨别哪里装有电气元件而设的，对下列部件应贴有三角黑色闪电警告标志：

（1）电柜和壁龛门或盖板上，如前后双开门电柜，前后门上均应贴标记。

（2）接线盒上的盖上应贴标记，穿线盒的盖板上不贴标记。

（3）电柜内，在门打开后仍有带交流 50 V 以上电压的电器，在其绝缘挡板上应贴标记。

（4）从外表上辨别不出哪里装着电器的外壳上，均应有标记。能从外表上一眼就看出来是电器外壳的，如按钮、控制面板等则不需要贴标记。

3. 指令标志

指令标志是告诉人们必须遵守“指令标志”规定的图形标志。指令标志的几何图形是圆形边框，图形符号、衬边为白色，背景色为蓝色。指令标志共有 15 个，即必须戴安全帽、必须穿防护鞋、必须系安全带、必须戴防护眼镜、必须戴防毒面具、必须戴护耳器、必须戴防护手套、必须穿防护服等。

4. 提示标志

提示标志是向人们提示某种信息（如标明安全设施或场所等）的图形标志。提示标志的几何图形是矩形，图形符号、衬边是白色，背景色是绿色。提示标志共有 13 个，一般提示标志用绿色背景的有 6 个：安全通道、太平门等。消防设备提示标志用红色背景的有 7 个：消防警铃、火警电话、地下消火栓、地上消火栓、消防水带、灭火器、消防水泵结合器等。

5. 辅助标志

辅助标志是对前述 4 种标志的补充说明，以防误解。

辅助标志分为横写和竖写，横写的为长方形，写在标志下方，可以和标志连在一起，也可以分开；竖写的写在标志杆上部。

辅助标志的颜色：竖写用白底黑字；横写的禁止标志用红底白字，用于警告标志的用白底黑字，用于指令标志的用蓝底白字。

三、其他安全色标志

除了上述的安全色和安全标志外，还有一些色标与安全有关，常见的有气瓶、气体管道和电气设备等方面的漆色。这些漆色代表一定的含义，能使人们一眼就能识别出它提供的信息。这对预防事故、保证安全是有好处的。

1. 气瓶色标

气瓶色标是指气瓶外表面涂覆的字样内容、色环数目和颜色按充装气体的特性作规定的组合，是识别充装气体的标志。其主要目的是从颜色上迅速地辨别出盛装某种气体的气瓶和瓶内气体的性质（可燃性、毒性），避免错装和错用，同时也可防止气瓶外表面生锈。国家标准对气瓶外表面的颜色和气瓶上字样的颜色做出了规定。充装常用气体的气瓶颜色标志如表 5.1 所示。

表 5.1　充装常用气体的气瓶颜色标志

序号	充装气体名称	颜　色	字　样	字　色
1	乙炔	白	乙炔不可近火	大红
2	氢	淡绿	氢	大红
3	氧	淡（酞蓝）	氧	黑
4	氮	黑	氮	淡黄
5	空气	黑	空气	白
6	二氧化碳	铝白	液化二氧化碳	黑
7	氟	白	氟	黑
8	天然气	棕	天然气	白
9	乙烷	棕	液化乙烷	白
10	液化石油气	棕（工业用）	液化石油气	白
		银灰（民用）	液化石油气	大红
11	乙烯	棕	液化乙烯	淡黄
12	氩	银灰	氩	深绿
13	氖	银灰	氖	深绿
14	六氟化硫	银灰	液化六氟化硫	黑

2. 管道色标

管道色标的习惯用法是：蒸气管道为白色，自来水管道为黑色，压力管道为黄色，消防管道为红色。

3. 电气设备相别的色标

变电所设备（母线和进出线）和车间配电装置用色标相别，主要用法是：A 相为黄色，B 相为绿色，C 相为红色，地线为黑色，直流正极为红色，直流负极为蓝色。

四、城市轨道交通常用标志

城市轨道交通常用标志有公里标、百米标、站名标、制动标、圆曲线和缓和曲线始点及终点标、曲线标、竖曲线始点及终点标、水准基点标、警冲标、联锁分界标、预告标、司机鸣笛标、减速地点标、限速标、停车位置标、接触网终点标、降下受电弓标、升起受电弓标等。

隧道内百米标、限速标、停车位置标应设在行车方向的右侧；警冲标应设在两会合线间，其位置应根据设备限界及安全量确定，隧道外的标志可按国家现行规定设置。

五、使用安全标志的一些规定

（1）安全标志都应自带衬底色，采用与安全标志相应的对比色。衬底的边宽最小为 2 mm，最大为 10 mm。

（2）有触电危险的场所，标志牌应使用绝缘材料来制作。

（3）标志杆的条纹颜色应与安全标志相一致。

（4）安全标志应放置在醒目、与安全有关的地方，并使人们看到后有足够的时间来注意它表示的内容。安全标志不宜设在门、窗、架等可移动的物体上，防止这些物体移动后看不见标志。

（5）安全标志应用坚固耐用的材料制作，如金属板、塑料板、木板等，且无毛刺和洞孔，也可直接画在墙壁或机具上。

（6）安全标志牌每年至少要检查一次，发现有变形、破损或图形符号脱落及变色不符合安全色的范围，应及时整修或更换。

（7）装着电气元件的电柜、壁龛和任何地方，当从电柜、壁龛等外部不能辨别其中是否装有电气元件时，必须在门或盖板上装有黑边、黄底、黑字闪电符号的三角形标志。

第四节　城市轨道交通危险源的辨识与控制

一、危险源的辨识

（一）基本概念

1. 危险源

危险源是指一个系统中具有潜在能量和物质释放危险的、可造成人员伤害、财产损失或环境破坏的、在一定的触发因素作用下可转化为事故的部位、区域、场所、空间、岗位、设备及其位置。它的实质是具有潜在危险的源点或部位，是爆发事故的源头，是能量、危险物质集中的核心，是能量从那里传出来或爆发的地方。危险源存在于确定的系统中，不同的系统范围，危险源的区域也不同。

2. 危险源的构成要素

危险源由 3 个要素构成：潜在危险性、存在条件和触发因素。

（1）危险源的潜在危险性是指一旦触发事故，可能带来的危害程度或损失大小，或者说危险源可能释放的能量强度或危险物质量的大小。

（2）危险源的存在条件是指危险源所处的物理、化学状态和约束条件状态。例如，物质的压力、温度、化学稳定性，盛装压力容器的坚固性，周围环境障碍物等情况。

（3）触发因素虽然不属于危险源的固有属性，但它是危险源转化为事故的外因，而且每一类型的危险源都有相应的敏感触发因素。如易燃、易爆物质，热能是其敏感的触发因素；又如压力容器，压力升高是其敏感触发因素。因此，一定的危险源总是与相应的触发因素相关联。在触发因素的作用下，危险源转化为危险状态，继而转化为事故。

3. 危险源辨识

危险源辨识是确认危险源的存在并确定其特性的过程，其实质就是找出组织中存在的人的不安全行为、物的不安全状态、作业环境中存在的危害因素及管理缺陷。

（二）危险源分类

1. 根据在事故发生发展过程中的作用分类

根据在事故发生发展过程中的作用，危险源可分为两大类：

（1）第一类危险源。把生产过程中存在的、可能发生意外释放的能量（能源或能量载体）或危险物质称作第一类危险源。为了防止导致事故，必须采取措施约束、限制能量或危险物质，控制危险源。

（2）第二类危险源。在正常情况下，生产过程中的能量或危险物质受到约束或限制，不会发生意外释放，即不会发生事故。但是，一旦这些约束或限制能量或危险物质的措施受到破坏或失效（故障），则将发生事故。导致能量或危险物质约束或限制措施破坏或失效的各种因素称作第二类危险源。第二类危险源主要包括物的故障、人的失误和环境因素。

2. 按导致伤亡事故的直接原因分类

按导致伤亡事故的直接原因，危险源可以分为：物理性危险源、化学性危险源、生物性危险源、心理或生理性危险源、行为性危险源、其他危险源 6 类，如表 5.2 所示。

表 5.2　危险源分类表

危险源	主要内容
物理性危险源	设备设施缺陷（强度不够、刚度不够、稳定性差、密封不良、外露运动件等）
	防护缺陷（无防护、防护装置和设备缺陷、防护不当、防护距离不够等）
	电危害（带电部位裸露、漏电、雷电、静电、电火花等）
	噪声危害（机械性噪声、电磁性噪声、流体动力性噪声等）
	振动危害（机械性振动、电磁性振动、流体动力性振动等）
	电磁辐射（电离辐射：X 射线、γ 射线、α 粒子、β 粒子、质子、中子、高能电子束等；非电离辐射：紫外线、激光、射频辐射、超高压电场等）
	运动物危害（固体抛射物、液体飞溅物、反弹物、岩石滑动、气流卷动、冲击地压等）
	明火
	能造成灼伤的高温物质（高温气体、高温固体、高温液体等）

续表

危险源	主要内容
物理性危险源	能造成冻伤的低温物质（低温气体、低温固体、低温液体等）
	粉尘与气溶胶（不包括爆炸性、有毒性粉尘与气溶胶）
	作业环境不良（基础下沉、安全过道缺陷、有害光照、通风不良、缺氧、空气质量不良、给排水不良、气温过高、气温过低、自然灾害等）
	信号缺陷（无信号设施、信号选用不当、信号不清、信号显示不准等）
	标志缺陷（无标志、标志不清、标志不规范、标志位置缺陷等）
	其他物理性危险源
化学性危险源	易燃易爆性物质（易燃易爆性气体、易燃易爆性液体、易燃易爆性固体、易燃易爆性粉尘与气溶胶等）
	自燃性物质
	有毒物质（有毒气体、有毒液体、有毒固体、有毒粉尘与气溶胶等）
	腐蚀性物质（腐蚀性气体、腐蚀性液体、腐蚀性固体等）
	其他化学性危险源
生物性危险源	致病微生物（细菌、病毒、其他致病微生物）
	传染病媒介物
	致害动物
	致害植物
	其他生物性危险源
心理、生理性危险源	负荷超限（体力负荷超限、听力负荷超限、视力负荷超限等）
	健康状况异常
	从事禁忌作业
	心理异常（情绪异常、冒险心理、过度紧张等）
	辨识功能缺陷（感知延迟、辨识错误、其他辨识功能缺陷等）
	其他心理、生理性危险源
行为性危险源	指挥错误（指挥失误、违章作业等）
	操作失误（误操作、违章作业等）
	监护失误
	其他错误
	其他行为性危险源
	其他危险源

（三）危险源的辨识方法

1. 辨识方法

危险源辨识的方法很多，基本方法有：询问交谈、现场观察、查阅有关记录、获取外部信息、工作任务分析、安全检查表、危险与可操作性研究、事件树分析、故障树分析等。

（1）询问交谈。企业中从事某项工作具有经验的人，往往能指出其工作中的危害。从其所指出的危害中，可初步分析出工作中所存在的一、二类危险源。

（2）现场观察。通过对工作环境的现场观察，可发现存在的危险源。从事现场观察的人员，要求具有安全技术知识和掌握了完善的职业健康安全法规、标准。

（3）查阅有关记录。查阅有关事故、职业病的记录，可从中发现存在的危险源。

（4）获取外部信息。从类似的企业、有关文献资料、专家咨询等方面获取有关危险源信息，加以分析研究，可辨识出本企业存在的危险源。

（5）工作任务分析。通过分析生产过程中每一个成员的工作任务中所涉及的危害，可识别出有关的危险源。

（6）安全检查表。运用已编制好的安全检查表，对生产设备及过程进行系统的安全检查，可辨识出存在的危险源。

（7）危险与可操作性研究。危险与可操作性研究是一种对工艺过程中的危险源实行严格审查和控制的技术。它通过指导语句和标准格式寻找工艺偏差，以辨识系统存在的危险源，并确定控制危险源风险的对策。

（8）事件树分析。事件树分析是一种从初始原因事件起，分析各环节事件“成功（正常）”“失败（失效）”的发展变化过程，并预测各种可能结果的方法，即时序逻辑分析判断方法。应用这种方法，通过对系统各环节事件的分析，可辨识出系统的危险源。

（9）故障树分析。故障树分析是一种根据系统可能发生的或已经发生的事故结果，去寻找与事故发生有关的原因、条件和规律。通过这样一个过程分析，可辨识出系统中导致事故的有关危险源。

上述几种危险源辨识方法从切入点和分析过程上，都有其各自特点，也有各自的适用范围或局限性。所以，在辨识危险源的过程中，使用一种方法往往不足以全面地辨识其所存在的危险源，必须综合地运用两种或两种以上方法。

在危险源辨识过程中应考虑“三、三、七”的要求。所谓“三、三、七”是指 3 种状态：正常、异常、紧急；3 种时态：过去、现在、将来；7 种类型：机械能、电能、热能、化学能、放射性、生物因素、人机工程因素（生理、心理）。

2. 辨识危险源的步骤

（1）辨识准备。

① 确定分工。

② 收集识别范围内的资料。

③ 列出识别范围内的活动或流程涉及的所有方面。

（2）分类辨识危险源。从厂址、厂区平面布局，建（构）筑物，生产工艺过程，生产设备、装置，作业环境及管理措施6个方面进行分类识别。

（3）划分辨识单元。辨识单元是分类辨识危险源的细化，可以按照工艺、设备、物料、过程来细化；同类的过程或设备可以化为一类识别对象；识别对象不宜过粗或过细。

（4）危险源的辨识。先找出可能的事故伤害方式，再找出其原因。

（5）填写危险源登记表。

二、城市轨道交通危险源的辨识

城市轨道交通危险源识别涉及员工的健康与安全、行车安全、设备安全、消防安全、交通安全、乘客及相关方安全、财产损失和列车延误等范畴。

1. 危险源辨识范围

危险源辨识范围包括城市轨道交通覆盖范围内工作区域及其他相关范围内的生产经营活动、人员、设施等。根据城市轨道交通管理及其他活动情况，可分为以下类别：

（1）按地点划分：轨道交通沿线各车站、车辆段、OCC（控制中心）大楼、办公楼等。

（2）按活动划分：常规活动、非常规活动、潜在的紧急情况。各活动所包含的主要内容如表5.3所示。

表5.3 各活动的主要内容

活动类型	主要内容
常规活动	运行服务活动：依据运营时刻表组织列车运营、客运服务过程
	设备实施的设计、安装、调试、验收、接管、使用过程
	公共活动：相关部门均有的活动，包括办公、电梯、叉车、消防设施、空调、空压机、抽风机使用，化学物品搬运储存、废弃等
	间接活动：为运营服务活动提供支持的活动，主要包括物资部门仓库管理、检验、物料采购以及物料的使用管理、食堂管理等
非常规活动	设备实施维护保养，消防及行车疏散演习，因公外出，合同方在总部的活动（如工程施工、维修、清洁等）
潜在的紧急情况	如行车、火灾、爆炸、化学物品泄漏、中毒、台风、雷击、碰撞等事故事件（潜在的紧急情况的危险辨识需考虑紧急情况发生时和发生后进行抢险救援过程中存在的危险）

2. 确定危险源事故类型

在进行危险源识别前必须把危险源事故类型确定下来，以防止危险源识别不清晰、不全面。危险源事故类型如表5.4所示。

表 5.4　危险源事故类型

<table>
<tr><th>类别编号</th><th>事故类别名称</th><th>备注</th><th>类别编号</th><th>事故类别名称</th><th>备注</th></tr>
<tr><td>01</td><td>物体打击</td><td rowspan="14">伤害事故</td><td>015</td><td>噪声聋</td><td rowspan="4">职业病</td></tr>
<tr><td>02</td><td>车辆伤害（指马路车辆）</td><td>016</td><td>尘肺</td></tr>
<tr><td>03</td><td>机械伤害</td><td>017</td><td>视力受损</td></tr>
<tr><td>04</td><td>起重伤害</td><td>018</td><td>其他职业病</td></tr>
<tr><td>05</td><td>触电</td><td>019</td><td>健康受损</td><td>健康危害</td></tr>
<tr><td>06</td><td>淹溺</td><td rowspan="2">020</td><td rowspan="2">财产损失（2 000 元及以上）</td><td rowspan="2">无伤害事故/事件</td></tr>
<tr><td>07</td><td>灼烫</td></tr>
<tr><td>08</td><td>火灾</td><td>021</td><td>列车延误</td><td>无伤害的列车延误事件</td></tr>
<tr><td>09</td><td>高处坠落</td><td rowspan="2">022</td><td rowspan="2">行车事件/事故</td><td rowspan="2">含人员伤亡的行车事件/事故</td></tr>
<tr><td>010</td><td>坍塌</td></tr>
<tr><td>011</td><td>容器爆炸</td><td rowspan="3">023</td><td rowspan="3">可能引发行车事件/事故的设备缺陷事件和行为事件</td><td rowspan="3">这是引发行车事件/事故的危险源</td></tr>
<tr><td>012</td><td>其他爆炸</td></tr>
<tr><td>013</td><td>中毒和窒息</td></tr>
<tr><td>014</td><td>其他伤害</td><td>024</td><td>其他事件/事故</td><td>无伤害事故/事件</td></tr>
</table>

表中“可能引发行车事件/事故的设备缺陷事件和行为事件”及“行车事件/事故”这两个事故类型是一种从属的关系，即“可能引发行车事件/事故的设备缺陷事件和行为事件”事故类型的风险属于“行车事件/事故”事故类型的风险的危险源。涉及这种从属关系的事故类型可把运营过程中可能发生的重要风险所涉及的危险源划归到相关部门进行控制。

3. 划分危险源辨识对象

在各部门列出辨识范围内的活动或流程所涉及的所有方面后，应选用合适的设备分析法、工艺流程分析法或其他划分方法，根据事故类型划分危害事件，并根据以下过程划分危险源辨识对象：

（1）对车辆设备大修的活动，可按照其工艺流程分析法划分辨识对象。

（2）对设备维护及保养的活动，可按照设备分析法依据划分的设备作为危险源辨识对象，并结合活动实施过程划分。

（3）使用设备时可根据具体操作过程。

（4）根据采购、存放、检测设备的过程。

（5）根据行车组织、客运组织过程。

（6）针对每一危险源辨识对象，参考危险源事故类型表，辨识可能存在的事故/事件，并登记在下表 5.5 所示的危险源辨识与风险评价登记表中“危害事件”栏以及“事故类型”栏内。

表 5.5 危险源辨识与风险评价登记表

序号	部门/地点	活动	设备/设施/物料	危害事故/事件	事故类型	危险源	危险源类别	风险评价			风险级别	控制措施	备注
								风险发生的可能性	事故后果严重程度	风险值			

三、城市轨道交通危险源的控制

1. 风险评价

风险评价是保证体系安全的一个关键环节，目的是对现阶段的危险源所带来的风险进行评价分级，根据评价分级结果有针对性地进行风险控制，从而取得良好的安全绩效，达到持续改进的目的。通常采用的风险评估方法一般有下列几种：

（1）作业条件危险性评价法。

（2）预先危害分析法。

（3）故障类型及影响分析法。

（4）风险概率评价法。

（5）危险可操作性研究法。

（6）事故树或事件树分析法。

2. 划分风险等级

根据风险评价的结果，可将风险分为 5 级：第 1 级，极其危险，不能继续作业；第 2 级，高度危险，需要立即整改；第 3 级，显著危险，需要整改；第 4 级，一般危险，需要注意；第 5 级，稍有危险，可容忍。

3. 风险控制措施

（1）对第 1 级和第 2 级的风险，一定要制定职业健康安全目标和职业健康安全管理方案。

（2）对第 3 级风险，视情况制定职业健康安全目标和职业健康安全管理方案。

（3）对第 1、2、3、4 级的风险，要制定运行控制程序，按程序进行管理。

（4）对第 5 级的风险可维持现有的风险控制措施。

（5）其他认为需要控制的风险则根据实际情况的需要制定管理方案。

（6）对于潜在的紧急风险情况，应制定应急准备和响应控制程序，按程序进行管理。

城市轨道交通运营系统的复杂性带来运营风险的多变性。因此，运营风险管理必须要常抓不懈，不断进行自我纠正，为广大职工和乘客提供良好的安全运营大环境。

思考题

1. 城市轨道交通火灾的特点是什么？
2. 引起城市轨道交通火灾的因素有哪些？
3. 城市轨道交通的消防设备及设施有哪些？如何使用？
4. 城市轨道交通车站发生火灾后如何自救与逃生？
5. 城市轨道交通列车发生火灾后如何自救与逃生？
6. 电气事故如何分类？电气事故的特点是什么？
7. 防止电气事故的措施有哪些？
8. 如何预防电气化线路电气事故？
9. 什么是安全色？其种类和用途有哪些？
10. 什么是安全标志？其种类和用途有哪些？
11. 什么是危险源？危险源有哪些种类？
12. 如何控制城市轨道交通危险源？

第六章

安全分析与评价

【学习目标】

通过本章学习，能够运用安全分析的各种方法对运营中城市轨道交通体系进行安全分析，并能根据分析结果进行安全评价、写出评价报告，能够对运营中所存在的问题提出改进意见。

安全与危险，这是一个事物的两个方面，可以说世界上没有绝对安全的事物，只能说危险存在的大小不同罢了。城市轨道交通运营是否安全需要我们通过分析并对其做出评价，对运营安全进行考核。

要对系统进行安全评价，首先要依赖于安全分析技术。通常，安全分析技术可分为定性分析和定量分析两种类型。定性分析能够找出系统的危险性，估计出危险的程度；定量分析则可以计算出事故发生概率和损失率。常用的安全分析方法主要有安全检查表法、专家评价法、预先危险分析法、故障假设分析法、事故树分析法、事件树分析法等。

第一节　安全检查表分析法

一、安全检查表法的定义

安全检查表（Safety Checklist Analysis，SCA）是依据相关的标准、规范，对系统中已知的危险类别、设计缺陷以及与一般工艺设备、操作、管理有关的潜在危险性和有害性进行判别检查。为了避免检查项目遗漏，事先把检查对象分割成若干系统，以提问或打分的形式，将检查项目列表，这种表就称为安全检查表。它是系统安全工程的一种最基础、最简便、广泛应用的系统危险性评价方法。目前，安全检查表在我国不仅用于查找系统中各种潜在的事故隐患，还对各检查项目给予量化，用于进行系统安全评价。

二、安全检查表的编制依据

（1）国家、地方的相关安全法规、规定、规程、规范和标准，行业、企业的规章制度、标准及企业安全生产操作规程。

（2）国内外行业、企业事故统计案例，经验教训。

（3）行业及企业安全生产的经验，特别是本企业安全生产的实践经验，引发事故的各种潜在不安全因素及成功杜绝或减少事故发生的成功经验。

（4）系统安全分析的结果，即是为防止重大事故的发生而采用事故树分析方法，对系统进行分析得出能导致引发事故的各种不安全因素的基本事件，作为防止事故控制点源列入检查表。

三、安全检查表编制步骤

要编制一个符合客观实际、能全面识别、分析系统危险性的安全检查表，首先要建立一个编制小组，其成员应包括熟悉系统各方面的专业人员。其主要步骤有：

1. 熟悉系统

包括系统的结构、功能、工艺流程、主要设备、操作条件、布置和已有的安全消防设施。

2. 搜集资料

搜集有关的安全法规、标准、制度及本系统过去发生过事故的资料，作为编制安全检查表的重要依据。

3. 划分单元

按功能或结构将系统划分成若干个子系统或单元，逐个分析潜在的危险因素。

4. 编制检查表

针对危险因素，依据有关法规、标准规定，参考过去事故的教训和本单位的经验确定安全检查表的检查要点、内容和为达到安全指标应在设计中采取的措施，然后按照一定的要求编制检查表。

（1）按系统、单元的特点和预评价的要求，列出检查要点、检查项目清单，以便全面查出存在的危险、有害因素。

（2）针对各检查项目、可能出现的危险、有害因素，依据有关标准、法规列出安全指标的要求和应设计的对策措施。

5. 编制复查表

其内容应包括危险、有害因素明细，是否落实了相应设计的对策措施，能否达到预期的安全指标要求，遗留问题及解决办法和复查人等。

四、编制检查表应注意事项

编制安全检查表力求系统完整，不漏掉任何能引发事故的危险关键因素，因此，编制安全检查表应注意如下问题：

（1）检查表内容要重点突出，简繁适当，有启发性。

（2）各类检查表的项目、内容，应针对不同被检查对象有所侧重，分清各自职责内容，尽量避免重复。

（3）检查表的每项内容要定义明确，便于操作。

（4）检查表的项目、内容能随工艺的改造、设备的更新、环境的变化和生产异常情况的出现而不断修订、变更和完善。

（5）凡能导致事故的一切不安全因素都应列出，以确保各种不安全因素能及时被发现或消除。

五、安全检查表示例

调车作业人身安全检查表如表 6.1 所示。

表 6.1　调车作业人身安全检查表

单位：　　　　　　　　　　　　　　　　　　检查人：

年　　月　　日

顺号	检查项目	检查结果		整改措施（备注）
		是	否	
1	是否做到了不穿皮鞋、高跟鞋、拖鞋、红色衣服和不戴有色眼镜上岗			
2	接受调车作业任务时是否做到计划清楚、任务明白			
3	传达调车作业计划时参加作业的人员是否都在场，并无不清楚现象			
4	顺着线路行走时，是否不走枕木和道心			
5	横越股道时，是否执行了“一站、二看、三通过”的规定			
6	是否做到不与列车、车辆抢道和抢越危险“天窗”			
7	布置计划、显示信号、短暂休息时是否站在安全位置上			
8	是否做到了不在道心、钢轨、枕木上坐卧、休息、乘凉、避雨			
9	进入尽头线作业时是否一度停车，待检查确认无危及安全的情况后再行动车			
10	参加调车作业人员是否熟悉站内的地形地物情况			
11	参加调车作业人员是否严密注意前后及邻线的机车车辆的移动			

六、应用检查表注意事项

应用安全检查表时，应注意以下几个问题：

（1）各类安全检查表都有适用对象，专业检查表与日常定期检查表要有区别。专业检查表应详细、突出专业设备安全参数的定量界限，而日常检查表尤其是岗位检查表应简明扼要，突出关键和重点部位。

（2）应用安全检查表实施检查时，应落实安全检查人员。企业厂级日常安全检查，可由安全技术部门现场人员和安全监督巡检人员会同有关部门联合进行。车间的安全检查，可由车间主任或指定车间安全员检查。岗位安全检查一般指定专人进行。检查后应签字并提出处理意见备查。

（3）为保证检查有效定期的实施，应将检查表列入相关安全检查管理制度，或制定安全检查表的实施办法。

（4）应用安全检查表检查，必须注意信息的反馈及整改。对查出的问题，凡是检查者当时能督促整改和解决的应立即解决，当时不能整改和解决的应进行反馈登记、汇总分析，由有关部门列入计划安排解决。

（5）应用安全检查表检查，必须按编制的内容，逐项目、逐内容、逐点检查。有问必答，有点必检，按规定的符号填写清楚。为系统分析及安全评价提供可靠准确的依据。

七、安全检查表的优缺点

1. 安全检查表的优点

（1）检查项目系统、完整，可以做到不遗漏任何能导致危险的关键因素，避免传统的安全检查中的易发生的疏忽、遗漏等弊端，因而能保证安全检查的质量。

（2）可以根据已有的规章制度、标准、规程等，检查执行情况，得出准确的评价。

（3）安全检查表采用提问的方式，有问有答，给人的印象深刻，能使人知道如何做才是正确的，因而可起到安全教育的作用。

（4）编制安全检查表的过程本身就是一个系统安全分析的过程，可使检查人员对系统的认识更深刻，更便于发现危险因素。

（5）对不同的检查对象、检查目的有不同的检查表，应用范围广。

2. 安全检查表的缺点

针对不同的需要，须事先编制大量的检查表，工作量大且安全检查表的质量受编制人员的知识水平和经验影响。

第二节　事故树分析法

一、定　义

事故树分析法（Fault Tree Analysis，FTA）是20世纪60年代以来迅速发展的系统可靠性分析方法，它采用逻辑方法，将事故因果关系形象地描述为一种有方向的“树”：把系统可能发生或已发生的事故（称为顶上事件）作为分析起点，将导致事故原因的事件按因果逻辑关系逐层列出，用树型图表示出来，构成一种逻辑模型，然后定性或定量地分析事件发生的各种可能途径及发生的概率，找出避免事故发生的各种方案并优选出最佳安全对策。FTA 法形象、清晰，逻辑性强，它能对各种系统的危险性进行识别评价，既适用于定性分析，又能进行定量分析。

二、事故树符号

事故树是由各种事件符号和与其连接的逻辑门符号所组成。现将最简单，最基本的符号介绍如下：

（一）事件符号

它是用于记入各事件的符号，主要有以下几种：

1. 矩形符号

矩形符号如图 6.1（a）所示。表示顶上事件或中间事件。将事件扼要记入矩形框内。顶上事件一定要清楚明了，不要太笼统。例如，“发生行车险性事故”，对此，人们无从下手分析，而应当选择具体的事故，例如，可写成“某站发生列车冒进出站信号机”。

2. 圆形符号

圆形符号如图 6.1（b）所示。表示基本原因事件。它可以是人的差错，也可以是机械故障，环境因素等。它表示最基本事件，不能继续往下分析了，将事件扼要记入圆形符号内。

3. 屋形符号

屋形符号如图 6.1（c）所示。它表示正常事件，是系统正常状态下发生的正常事件。例如：“调车作业”、“列车运行”等，将事件扼要记入符号内。

4. 菱形符号

菱形符号如图 6.1（d）所示。它表示省略事件，即表示事前不能分析，或者没有再分析下去的必要的事件，将事件扼要记入菱形符号内。

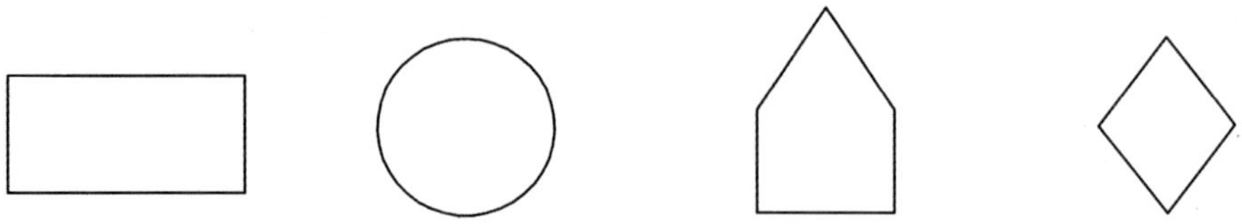

（a）矩形符号　（b）圆形符号　（c）屋形符号　（d）菱形符号

图 6.1　事件符号

（二）逻辑门符号

逻辑门符号是连接各个事件，并表示事件之间逻辑关系的符号。

1. 与门符号

与门符号如图 6.2（a）所示。表示它下面的输入事件 B_1、B_2 同时发生的情况下，输出事件 A 才会发生的连接关系，两者缺一不可，表现为逻辑积的关系。即 $A=B_1\cdot B_2$ 或 $A=B_1\cap B_2$。如果有若干输入事件时，也是如此。

例如，工人在线路上施工“没下道避车”而被列车撞伤，没下道避车的原因一个是“没看见车来”，一个是“防护未起作用”。只有两个原因同时发生，才能造成“没下道避车”。用与门符号表示，如图 6.2（b）所示。

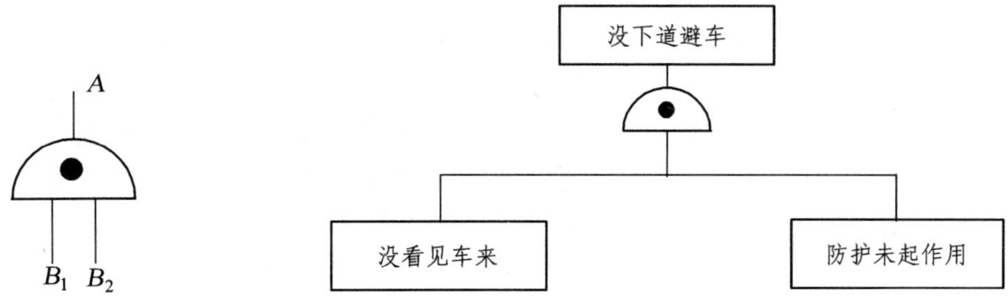

（a）与门符号　　（b）与门实例

图 6.2　逻辑门符号

2. 或门符号

或门符号如图 6.3（a）所示。表示它下面的输入事件 B_1 或 B_2 中任何一个事件发生，都可以使输出事件 A 发生，表现为逻辑和的关系。即 $A=B_1+B_2$ 或 $A=B_1\cup B_2$。如果有若干输入事件时，也是如此。

例如，线路施工作业人员没撤出机车车辆限界而被机车撞压，造成“没撤出机车车辆限界”的原因有“未下道避车”和“下道不及时”，这两个原因任何一个发生都会造成“没撤出机车车辆限界”，所以用或门表示，如图 6.3（b）所示。

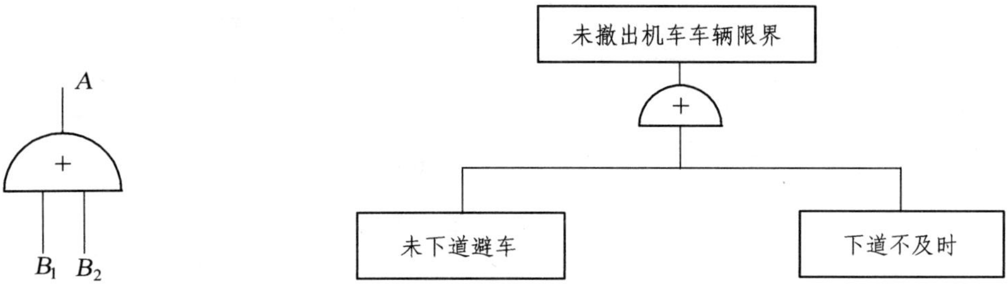

（a）或门符号　　（b）或门实例

图 6.3　逻辑门符号

3. 条件与门

条件与门表示 B_1、B_2 同时发生时，A 并不见得发生；只有在满足条件 α 的情况下，A

才发生。它相当于 3 个输入事件的与门。即 $A = B_1 \cdot B_2 \cdot \alpha$或 $A = B_1 \cap B_2 \cap \alpha$，将条件记入六边形内，如图 6.4（a）所示。

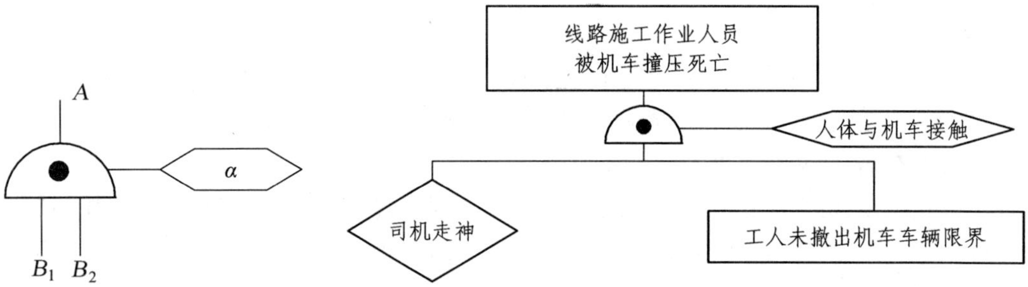

（a）条件与门　　（b）条件与门实例

图 6.4　逻辑门符号

例如，“线路施工作业人员被机车撞压死亡”，造成的原因是“司机走神”和“工人未撤出机车车辆限界”，但这两个原因同时发生，还必须有“人体与机车接触”这个条件。所以，用条件与门表示，如图 6.4（b）所示。

4. 条件或门

条件或门表示 B_1 或 B_2 任何一个事件发生时，还必须满足条件β，才有输出事件 A 发生，将条件记入六边形内，如图 6.5（a）所示。例如，“撞坏列车”是由于“作业失误”和“线路上有障碍物”两个原因造成的，这两个原因任何一个发生都有可能造成“撞坏列车”，但是必须满足“物件与列车接触”这个条件。所以用条件或门表示，如图 6.5（b）所示。

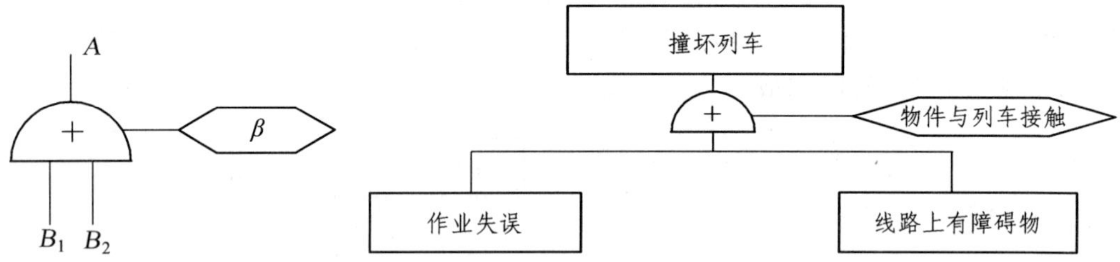

（a）条件或门　　（b）条件或门实例

图 6.5　逻辑门符号

5. 限制门

限制门是逻辑上的一种修正符号，即当输入事件 B 满足发生条件 α 时，才产生输出事件 A；相反，如果不满足，则不发生输出事件，其具体条件写在六边形符号内，如图 6.6（a）所示。

例如，“工人从脚手架上坠落死亡”是由于“从脚手架上坠落”，但输入事件只有在“高度和地面情况”满足发生时，才会造成“死亡”。即只有高度足够且地面坚硬时，才会摔死。它和条件与门不同，输入事件只有一个，如图 6.6（b）所示。

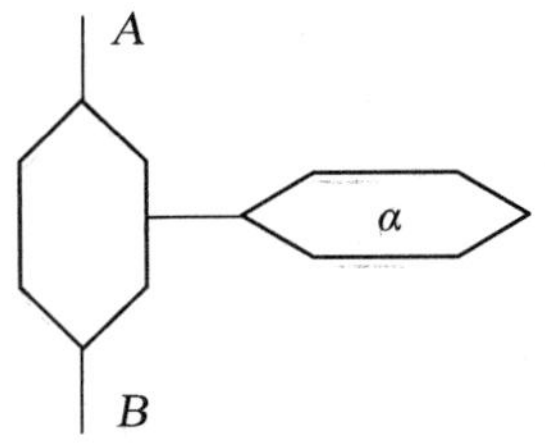

（a）限制门符号

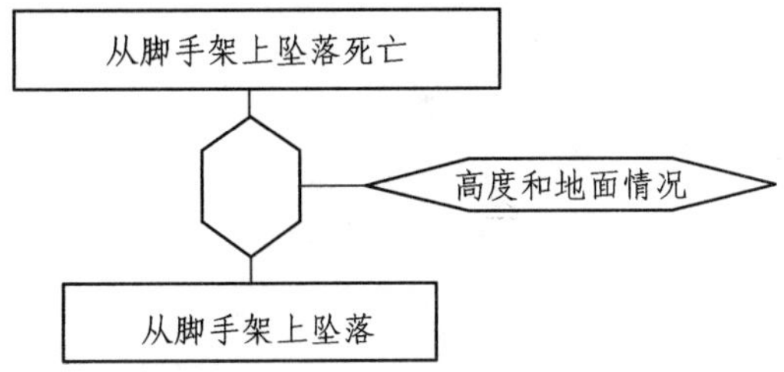

（b）限制门实例

图 6.6　逻辑门符号

6. 排斥或门

或门连接下的 B_1、B_2 两个事件，其中有一个发生，输出事件 A 便发生；但 B_1、B_2 不可能同时发生，B_1、B_2 则是相互排斥的，如图 6.7（a）所示。

例如，“建筑施工作业人员从脚手架坠落”，原因之一是“没系安全带”。造成“没系安全带”的原因有“因走动而取下”和“忘系”。这两个原因任何一个发生都会造成“没系安全带事件发生”，但这两个原因不会同时发生，是互相排斥的，如图 6.7（b）所示。

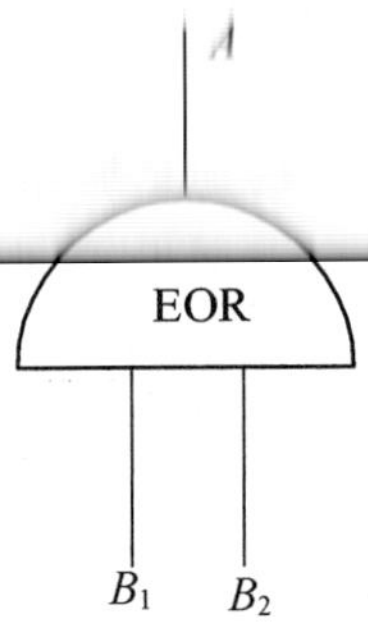

（a）条件或门

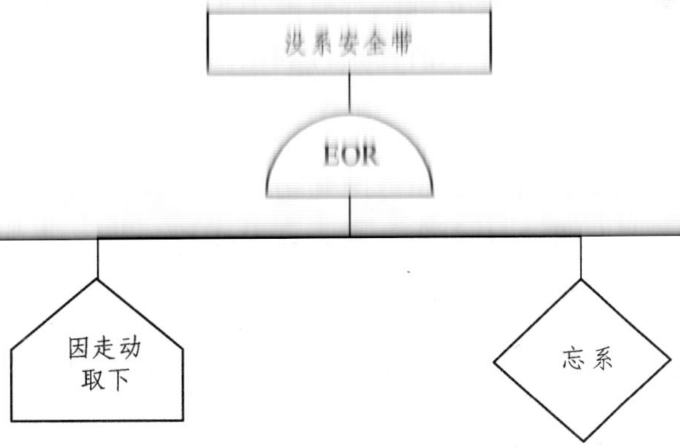

（b）条件或门实例

图 6.7　逻辑门符号

（三）转移符号

事故树规模很大时，需要将其某些部分画在别的纸上，或转移到其他部门，这就要用转出和转入符号，以表示向何处转出和从何处转入。

1. 转出符号

表示向其他部分转出，△形符号内记入向何处转出的标记，如图 6.8（a）所示。

2. 转入符号

表示从其他部分转入，△形符号内记入从何处转入的标记，如图 6.8（b）所示。

（a）转出符号　　（b）转入符号

图 6.8　转移符号

三、事故树分析法操作步骤及事故树示例

（一）事故树分析法操作步骤

1. 熟悉分析系统

首先要详细了解要分析的对象，包括工艺流程、设备构造、操作条件、环境状况、控制系统和安全装置等，同时还可以广泛收集同类系统发生的事故。

2. 确定分析对象系统和分析的对象事件（顶上事件）

通过实验分析、事故分析以及故障类型和影响分析确定顶上事件；明确对象系统的边界、分析深度、初始条件、前提条件和不考虑条件。

3. 确定分析边界

在分析之前要明确分析的范围和边界、系统内包含哪些内容。特别是城市轨道交通生产过程都具有连续化、大型化的特点，各工序、设备之间相互连接，如果不划定界限，得到的事故树将会非常庞大，不利于研究。

4. 确定系统事故发生概率、事故损失的安全目标值

5. 调查原因事件

顶上事件确定之后，就要分析与之有关的原因事件，也就是找出系统的所有潜在危险因素的薄弱环节，包括设备元件等硬件故障、软件故障、人为差错及环境因素。凡是事故有关的原因都找出来，作为事件树的原因事件。

6. 确定不予考虑的事件

与事故有关的原因各种各样，但是有些原因根本不可能发生或发生的概率很小，如雷电、飓风、地震等，编制事故树时一般都不予考虑，但要先加以说明。

7. 确定分析的深度

在分析原因事件时，要分析到哪一层为止，需要事先确定。分析得太浅可能发生遗漏；分析得太深，则事故树会过于庞大繁琐。所以具体深度应视分析对象而定。

8. 编制事故树

从顶上事件起，一级一级往下找出所有原因事件直到最基本的事件为止，按其逻辑关系画出事故树。每一个顶上事件对应一株事故树。

9. 定性、定量分析

按事故结构进行简化，求出最小割集和最小径集，排出结构重要度顺序，求出概率重要度和临界重要度。

10. 结 论

当事故发生概率超过预定目标值时，从最小割集着手研究降低事故发生概率的所有可能方案，利用最小径集找出消除事故的最佳方案；通过重要度分析确定采取对策措施的重点和先后顺序，从而得出分析、评价的结论。

（二）事故树示例

列车冒进信号事故树如图 6.9 所示。

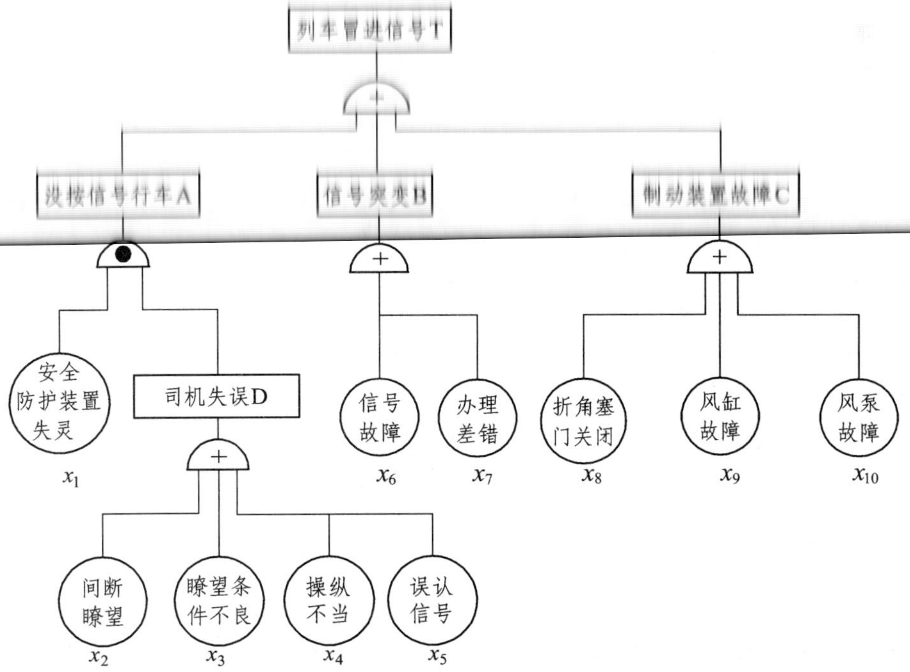

图 6.9 列车冒进信号事故树

四、事故树分析的优缺点及使用范围

事故树分析法具有以下几个特点：

（1）采用演绎的方法分析事故的因果关系，能详细找出各系统中各种固有的潜在危险因素，为安全设计、制定安全技术措施和安全管理要点提供了依据。

（2）能简洁形象地表示出事故和各原因之间的因果关系及逻辑关系。

（3）在事故分析中，顶上事件可以是已发生的事故，也可以是预想的事故。通过分析找出原因，采取对策加以控制，从而起到预测、预防事故的作用。

（4）可以用于定性分析，求出危险因素对事故影响的大小；也可以用于定量分析，由各危险因素的概率计算出事故发生的概率，从数量上说明是否能满足预定目标值的要求，从而确定采取措施的重点和轻、重、缓、急顺序。

（5）可选择最感兴趣的事故作为顶上事件进行分析。

（6）分析人员必须非常熟悉对象系统，具有丰富的实践经验，能准确和熟悉地应用分析方法。但往往会出现不同的分析人员编制的事故树和分析结果不同的现象。

（7）复杂系统的事故树往往很庞大，分析、计算的工作量大。

（8）进行定量分析时，必须知道事故树中各事件的故障数据；如果这些数据不准确，定量分析就不可能进行。

第三节　其他安全分析法

一、专家评议法

（一）定　义

专家评议法是一种吸收专家参加，根据事物的过去、现在及发展趋势，进行积极的创造性思维活动，对事物的未来进行分析、预测的方法。

（二）专家评议法分类

专家评议法的种类有下面两种：

1. 专家评议法

专家评议法是根据一定的规则，组织相关专家进行积极的创造性思维，对具体问题共同探讨、集思广益的评价方法。

2. 专家质疑法

专家质疑法需要进行两次会议。第一次会议是专家对具体的问题进行直接谈论，第二次会议则是专家对第一次会议提出的设想进行质疑。主要做以下工作：

（1）研究讨论有碍设想实现的问题。

（2）论证已提出设想的实现可能性。

（3）讨论设想的限制因素及提出排除限制因素的建议。

（4）在质疑过程中，对出现的新的建设性的设想进行讨论。

（三）专家评议法步骤

（1）明确具体分析、预测的问题。

（2）组成专家评议分析、预测小组，小组组成应由预测专家、专业领域的专家、推断思维能力强的演绎专家等组成。

（3）举行专家会议，对提出的问题进行分析、讨论和预测。

（4）分析、归纳专家会议的结果。

（四）专家评议法特点和适用范围

专家评议法简单易行，比较客观，所邀请的专家在专业理论上造诣较深、实践经验丰富，而且由于有专业、安全、评价、逻辑方面的专家参加，将专家的意见运用逻辑推理的方法进行综合、归纳，这样所得出的结论一般是比较全面、正确的。特别是专家质疑通过正反两方面的讨论，问题更深入、全面和透彻，所形成的结论性意见更科学、合理。但是，由于要求参加评价的专家有较高的水平，并不是所有的工程项目都适用本方法。

专家评议法适用于类比工程项目、系统和装置的安全评价，它可以充分发挥专家丰富的实践经验和理论知识。专项安全评价经常采用专家评议法，运用该评价方法，可以将问题研究讨论得更深入、更透彻，并得出具体执行意见和结论，便于进行科学决策。

二、预先危险分析法

（一）定　义

预先危险分析（Preliminary Hazard Analysis，PHA）又称初步危险分析。预先危险分析是系统设计期间危险分析的最初工作。也可运用它作运行系统的最初安全状态检查，是系统进行的第一次危险分析。通过这种分析找出系统中的主要危险，对这些危险要做估算，并要求安全工程师控制它们，从而达到可接受的系统安全状态。

（二）预先危险分析步骤

（1）通过经验判断、技术诊断或其他方法调查确定危险源（即危险因素存在于哪个子系统中），对所需分析系统的生产目的、物料、装置及设备、工艺过程、操作条件以及周围环境等，进行充分详细的了解。

（2）根据过去的经验教训及同类行业生产中发生的事故或灾害情况，对系统的影响、损坏程度，类比判断所要分析的系统中可能出现的情况，查找能够造成系统故障、物质损失和人员伤害的危险性，分析事故或灾害的可能类型。

（3）对确定的危险源分类，制成预先危险性分析表。

（4）转化条件，即研究危险因素转变为危险状态的触发条件和危险状态转变为事故（或灾害）的必要条件，并进一步寻求对策措施，检验对策措施的有效性。

（5）进行危险性分级，排列出重点和轻、重、缓、急次序，以便处理。

（6）制定事故或灾害的预防性对策措施。

（三）预先危险性分析的等级划分

为了评判危险、有害因素的危害等级以及它们对系统破坏性的影响大小，预先危险性分析法给出了各类危险性的划分标准。该法将危险性划分为四个等级：

（1）安全级。不会造成人员伤亡及系统损坏。

（2）临界级。处于事故的边缘状态，暂时还不至于造成人员伤亡或系统损坏。

（3）危险级。会造成人员伤亡和系统损坏，要立即采取防范措施。

（4）灾难性级。造成人员重大伤亡及系统严重破坏的灾难性事故，必须予以果断排除并进行重点防范。

（四）预先危险分析的结果

预先危险分析的结果一般采用表格的形式列出。表格的格式和内容可根据实际情况确定。

（五）预先危险分析的特点及使用范围

1. 预先危险分析的特点

预先危险性分析是进一步进行危险分析的先导，是一种宏观概略定性分析方法。在项目发展初期使用 PHA 有以下优点：

（1）方法简单易行、经济、有效。

（2）能为项目开发组分析和设计提供指南。

（3）能识别可能的危险，用很少的费用、时间就可以实现改进。

2. 适用范围

预先危险性分析适用于在固有系统中采取新的方法，接触新的物料、设备和设施的危险性评价。该法一般在项目的发展初期使用。当只希望进行粗略的危险和潜在事故情况分析时，也可以用 PHA 对已建成的装置进行分析。

三、故障假设分析法

（一）定　义

故障假设分析方法是对某一生产过程或工艺过程的创造性分析方法。使用该方法时，要求人员应对工艺熟悉，通过提出一系列“如果……怎么办？”的问题，来发现可能和潜在的事故隐患从而对系统进行彻底检查的一种方法。

该方法包括检查设计、安装、技改或操作过程中可能产生的偏差。要求评价人员对工艺规程熟知，并对可能导致事故的设计偏差进行整合。

（二）故障假设分析步骤

故障假设分析很简单，它首先提出一系列问题，然后再回答这些问题。评价结果一般以表格的形式显示，主要内容包括：提出的问题，回答可能的后果，降低或消除危险性的安全措施。

故障假设分析法由 3 个步骤组成，即分析准备、完成分析、编制结果文件。

1. 分析准备

（1）人员组成。进行该分析应由 2～3 名专业人员组成小组，要求成员要熟悉生产工艺，有评价危险经验。

（2）确定分析目标。首先要考虑的是取什么样的结果作为目标，目标又可以进一步加以限定。目标确定后就要确定分析哪些系统。在分析某一系统时应注意与其他系统的相互作用，避免遗漏掉危险因素。

（3）资料准备。

2. 完成分析

（1）了解情况，准备故障假设问题。分析会议开始应该首先由熟悉整个装置和工艺的人员阐述生产情况和工艺过程，包括原有的安全设备及措施。参加人员还应该说明装置的安全防范、安全设备、卫生控制规程。

分析人员要向现场操作人员提问，然后对所分析的过程提出有关安全方面的问题。有两种会议方式可以采用，一种是列出所有的安全项目和问题，然后进行分析；另一种是提出一个问题讨论一个问题，即对所提出的某个问题的各个方面进行分析后再对分析组提出的下一个问题（分析对象）进行讨论。两种方式都可以，但是通常最好是在分析之前列出所有的问题以免打断分析组的“创造性思维”。

（2）按照准备好的问题，从工作流程开始，一直进行到工作流程结束为止，逐一提出“如果发生那种情况，操作人员应该怎么办？”分别得出正确答案。

（三）故障假设分析法的特点及适用范围

故障假设分析方法较为灵活，适用范围很广，它可以用于工程、系统的任何阶段。

故障假设分析方法鼓励思考潜在的事故和后果，它弥补了基于经验的安全检查表编制时经验的不足；同时，检查表可以使故障假设分析方法更系统化。因此出现了安全检查表分析与故障假设分析在一起使用的分析方法，以便发挥各自的优点，互相取长补短。

四、事件树分析法

（一）定　义

事件树分析（Event Tree Analysis，ETA）的理论基础是决策论。它是一种从原因到结果的自上而下的分析方法。从一个初始事件开始，交替考虑成功与失败的两种可能性，然后再以这两种可能性作为新的初始事件，如此继续分析下去，直到找到最后的结果。因此，ETA 是一种归纳逻辑树图，能够看到事故发生的动态发展过程，提供事故后果。

事故的发生是若干事件按时间顺序相继出现的结果，每一个初始事件都可能导致灾难性的后果，但不一定是必然的后果。因为事件向前发展的每一步都会受到安全防护措施、操作人员的工作方式、安全管理及其他条件的制约。因此每一阶段都有两种可能性结果，即达到既定目标的"成功"和达不到目标的"失败"。

ETA 从事故的初始事件开始，途经原因事件到结果事件为止，每一事件都按成功和失败两种状态进行分析。成功和失败的分叉称为歧点，用树枝的上分支作为成功事件，下分支作为失败事件，按照事件发展顺序不断延续分析直至最后结果，最终形成一个在水平方向横向展开的树形图。

（二）事件树分析步骤

1. 确定初始事件

初始事件一般指系统故障、设备失效、工艺异常、人的失误等，它们都是事先设想或估计的。确定初始事件一般依靠分析人员的经验和有关运行、故障、事故统计资料来确定；对于新开发系统或复杂系统，往往先应用其他分析、评价方法从分析的因素中选定，再用事件树分析方法做进一步的重点分析。

2. 判定安全功能

在所研究的系统中包含许多能消除、预防、减弱初始事件影响的安全功能。常见的安全功能有自动控制装置、报警系统、安全装置、屏蔽装置和操作人员采取措施等。

3. 发展事件树和简化事件树

从初始事件开始，自左向右发展事件树。首先，把初始事件一旦发生时起作用的安全功能状态画在上面的分支，不能发挥安全功能的状态画在下面的分支。然后，依次考虑每种安全功能分支的两种状态，层层分解直至系统发生事故或故障为止。

4. 分析事件树

（1）找出事故连锁和最小割集。事件树每个分支代表初始事件一旦发生后其可能的发展途径，其中，导致系统事故的途径即为事故连锁，一般导致系统事故的途径有很多，即有很多事故连锁。

（2）找出预防事故的途径。事件树中最终达到安全的途径指导人们如何采取措施预防事故发生。在达到安全的途径中，安全功能发挥作用的事件构成事件树的最小径集。一般事件树中包含多个最小径集，即可以通过若干途径防止事故发生。

由于事件树表现了事件间的时间顺序，所以应尽可能地从最先发挥作用的安全功能着手。

5. 事件树的定量分析

由各事件发生的概率计算系统事故或故障发生的概率。

（三）事件树分析法的特点及适用范围

事件树分析法是一种图解形式，层次清楚。可以看作是 FTA 的补充，可以将严重事故的动态发展过程全部揭示出来。

该方法的优点是：概率可以按照路径为基础分到节点；整个结果的范围可以在整个树中得到改善；事件树从原因到结果，概念上比较容易明白；事件树是依赖于时间的；事件树在检查系统和人的响应造成潜在事故时是理想的。

该方法的缺点是：事件树成长非常快，为了保持合理的大小，往往使分析必须非常粗；缺少像 FTA 中的数学混合应用。

第四节　安全评价

安全评价（又称风险评价）是以保障安全为目的，应用安全系统工程原理和方法，对工程、系统中存在的危险及有害因素进行辨识与分析，判断工程、系统发生事故和职业危害的可能性及其严重程度，提出安全对策建议，为制定防范措施和管理决策提供科学依据。

一、安全评价的内容

20 世纪 60 年代初，安全评价技术起源于美国。美国空军倡导系统安全工程评价方法，而美国道化学公司则首创了危险指数评价方法，迄今为止已逐渐形成两大流派。

不论哪一种评价方法，其主要内容不外乎以下 4 个方面：危险的识别，危险的定量，定量化的危险与基准值比较，提出控制危险的措施。危险的识别是分析所研究对象存在的各种危险；危险的定量则是研究确定这些危险发生的频率及可能造成的后果，一般将定量化的危险称之为风险；与基准值比较是将这些风险与预定的风险值相比较，判断是否可以接受；最后即是根据风险能否接受而提出的降低、排除、转移风险的对策。

与传统的安全分析和安全管理相比，安全评价的主要特点是：

1. 确立了系统安全的观点

随着生产规模的扩大、生产技术的日趋复杂和连续化生产的实现，系统往往由许多子系统构成。为了保证系统的安全，就必须研究每一个子系统，另外，各个子系统之间的“接点”往往会被忽略而引发事故，因而“接点”的危险性不容忽视。安全评价是以整个系统安全为目标的，因此不能孤立地对子系统进行研究和分析，而要从全局的观点出发，才能寻求到最佳的、有效的防灾途径。

2. 开发了事故预测技术

传统的安全管理常常是“亡羊补牢”，即从已经发生的事故中吸取教训。这当然是必要的，但是有些事故的代价太大，必须预先采取相应的防范措施。安全评价的目的是预先发现、识别可能导致事故发生的危险因素，以便于在事故发生之前采取措施消除、控制这些因素，防止事故的发生。

3. 对安全作定量描述

安全评价对安全作定量化分析，把安全从抽象的概念转化为数量指标，从而为安全管理、事故预测和选择最优化方案等提供了科学依据。

虽然在某种意义上说，安全评价是一种创新，但它毕竟是从传统的安全分析和安全管理的基础上发展起来的，因此，传统安全管理的宝贵经验和从过去事故中汲取的教训对于安全评价依然是十分重要的。

二、安全评价的意义

安全评价可有效地预防事故的发生，减少财产损失和人员伤亡。主要表现在：

（1）安全评价是安全管理的一个重要组成部分。

（2）有助于政府安全监督管理部门对生产经营单位的安全生产实行宏观控制。

（3）有助于安全投资的合理选择。

（4）有助于提高安全生产经营单位的安全管理水平，实现 3 个转变：

① 变事后处理为事先预测预防。

② 变纵向单一管理为全面系统管理。

③ 变经验管理为目标管理。

（5）有助于生产经营单位提高经济效益。

三、安全评价依据

（1）国家及地方的有关法律、法规、标准。

（2）企业内部的规章制度及技术规范。

（3）可接受的风险标准。

（4）前人的经验教训。

四、安全评价的程序

（1）准备阶段。
（2）危险、有害因素识别与分析。
（3）定性、定量评价。
（4）提出安全对策措施。
（5）形成安全评价结论及建议。
（6）编制安全评价报告。

五、安全生产监督与检查

1. 安全检查的基本任务

发现和查明各种危险和隐患，督促整改，监督各项安全规章制度的实施，制止违章指挥、违章作业。

2. 安全检查的原则

（1）领导检查与群众检查相结合。
（2）企业自查与上级督查相结合。

3. 安全检查的形式

①职工自查；②对口互查；③综合检查；④专业检查（每年不少于2次）；⑤季节性检查；⑥节假日检查；⑦夜间抽查；⑧日常检查（包括岗位自查和管理人员巡查）。

六、安全评价结论

（一）评价结论的编制原则

（1）客观公正、观点明确的原则。
（2）做到概括性、条理性强，且文字表达精练。

（二）评价结论的主要内容

1. 评价结论分析

（1）人力资源和管理制度方面。
（2）设备装置和附件方面。
（3）物资物料和材质材料方面。
（4）方法工艺和作业操作。
（5）生产环境和安全条件。

2. 评价结果归类及重要性判断

对评价结果进行整理分类，并按严重程度、发生频率，分别将结果排序列出。

3. 评价结论的主要内容

（1）结果分析：① 辨识结果分析；② 评价结果分析；③ 控制结果分析。

（2）评价结论：① 评价对象是否符合国家安全生产法规标准要求；② 评价对象在采取所要求的安全对策措施后达到的安全程度；③ 根据安全评价结果，做出可接受程度的结论。

（3）持续改进方向。

七、安全评价技术文件

（一）安全预评价报告

1. 报告内容

安全预评价报告一般应包括以下内容：

（1）概述。

（2）生产工艺简介和主要危险、有害因素分析。

（3）安全预评价方法和评价单元。

（4）定性、定量安全评价。

（5）安全对策措施。

（6）预评价结论及建议。

2. 报告格式

安全预评价报告一般按照以下顺序整理：

（1）封面。

（2）预评价单位资格证书影印。

（3）目录。

（4）编制说明。

（5）前言。

（6）正文。

（7）附件。

（8）附录。

（二）安全验收评价报告

安全验收评价是检验和评判“三同时”落实效果的工具。

1. 工作流程

（1）前期准备过程。

（2）危险识别过程。
（3）安全评价过程，
（4）安全控制过程。
（5）综合论证过程。

2. 安全验收评价报告的作用

（1）为企业服务，帮助企业查出事故隐患，落实整改措施，以达到安全要求。
（2）为政府安全生产监督管理部门服务提供建设项目安全验收的依据。

3. 安全验收评价的工作程序

（1）前期准备。
（2）编制安全验收评价计。
（3）安全验收评价现场检查及评价。
（4）编制安全验收评价报告。
（5）安全验收评价报告的评审。

4. 安全验收评价方法

（1）一般采用“安全检查表”法。
（2）对比较复杂的系统：
① 采用顺向追踪方法检查分析，运用“事故树分析”法。
② 采用逆向追溯方法检查分析，运用“故障假设分析”法。
③ 采用已公布的行业安全评价方法评价。
④ 补充其他方法。

5. 安全验收评价计划书的基本内容

（1）安全验收评价的主要依据。
（2）建设项目概况。
（3）主要危险、有害因素及相关作业场所分析。
（4）安全验收评价的重点。
（5）安全验收评价方法的选择。
（6）安全验收评价用安全检查表的编制。

6. 安全验收评价报告的主要内容

（1）概述。
（2）主要危险、有害因素识别。
（3）总体布局及常规防护设施措施评价。
（4）易燃、易爆场所评价。
（5）有害因素、安全控制措施评价。
（6）特种设备监督检查记录评价。
（7）强制检测设备情况检查。

（8）电气设备安全评价。

（9）机械伤害防护设施评价。

（10）工艺设施安全连锁有效性评价。

（三）安全现状评价报告

1. 评价原理

安全现状评价原理采用“控制风险水平，力求安全”的原则：风险 = 后果×可能性。

2. 评价模式的建立和评价方法的选择

（1）选择定性和定量相结合的模式。

（2）首先，针对生产单元运行情况及工艺设备的特点，采用预先危险性分析方法进行危险性预评价。

（3）其次，采用定量计算的方法（道化学法、蒙德法等）进行固有危险计算，同时采用补偿降低危险等级，求得达到安全状态要求；也可采用安全检查表及事故树方法，确定生产单元处于何种状态。

（4）根据系统评价，提出主要隐患整改措施及分级作业评价结论。

3. 安全现状评价报告的一般要求

（1）前言。

（2）评价项目概况。

（3）评价程序及评价方法。

（4）预先危险性分析。

（5）危险度与危险指数分析。

（6）事故分析及重大事故模拟。

（7）对策措施与建议。

（8）评价结论。

4. 安全现状评价报告的特殊要求

安全现状评价报告的内容要求比预评价报告更详尽、更具体，特别是对危险分析要求较高。因此，安全检查表的编制要由懂工艺和操作的专家参与完成，评价组的专业分析能力应涵盖评价范围内的专业内容。

思考题

1. 什么是安全检查表？如何编制安全检查表？

2. 安全检查表的优缺点是什么？应用安全检查表时应注意哪些问题？

3. 什么是事故树？事故树有哪些基本事件符号和逻辑门符号？
4. 如何编制事故树并进行分析？
5. 什么是专家评议法？专家评议如何进行？
6. 什么是预先危险分析法？预先危险分析法适合在什么情况下使用？
7. 如何进行故障假设分析？其适合在什么情况下使用？
8. 什么是事件树分析法？其优缺点是什么？
9. 为什么要进行安全评价？安全评价的依据及程序是什么？
10. 安全评价技术文件主要有哪些？其内容包括哪些？

附录 1

城市轨道交通运营管理规定

第一章 总 则

第一条 为规范城市轨道交通运营管理，保障运营安全，提高服务质量，促进城市轨道交通行业健康发展，根据国家有关法律、行政法规和国务院有关文件要求，制定本规定。

第二条 地铁、轻轨等城市轨道交通的运营及相关管理活动，适用本规定。

第三条 城市轨道交通运营管理应当遵循以人民为中心、安全可靠、便捷高效、经济舒适的原则。

第四条 交通运输部负责指导全国城市轨道交通运营管理工作。

省、自治区交通运输主管部门负责指导本行政区域内的城市轨道交通运营管理工作。

城市轨道交通所在地城市交通运输主管部门或者城市人民政府指定的城市轨道交通运营主管部门（以下统称城市轨道交通运营主管部门）在本级人民政府的领导下负责组织实施本行政区域内的城市轨道交通运营监督管理工作。

第二章 运营基础要求

第五条 城市轨道交通运营主管部门在城市轨道交通线网规划及建设规划征求意见阶段，应当综合考虑与城市规划的衔接、城市轨道交通客流需求、运营安全保障等因素，对线网布局和规模、换乘枢纽规划、建设时序、资源共享、线网综合应急指挥系统建设、线路功能定位、线路制式、系统规模、交通接驳等提出意见。

城市轨道交通运营主管部门在城市轨道交通工程项目可行性研究报告和初步设计文件编制审批征求意见阶段，应当对客流预测、系统设计运输能力、行车组织、运营管理、运营服务、运营安全等提出意见。

第六条 城市轨道交通工程项目可行性研究报告和初步设计文件中应当设置运营服务专篇，内容应当至少包括：

（一）车站开通运营的出入口数量、站台面积、通道宽度、换乘条件、站厅容纳能力等设施、设备能力与服务需求和安全要求的符合情况；

（二）车辆、通信、信号、供电、自动售检票等设施设备选型与线网中其他线路设施设备的兼容情况；

（三）安全应急设施规划布局、规模等与运营安全的适应性，与主体工程的同步规划和设计情况；

（四）与城市轨道交通线网运力衔接配套情况；

（五）其他交通方式的配套衔接情况；

（六）无障碍环境建设情况。

第七条 城市轨道交通车辆、通信、信号、供电、机电、自动售检票、站台门等设施设备和综合监控系统应当符合国家规定的运营准入技术条件，并实现系统互联互通、兼容共享，满足网络化运营需要。

第八条 城市轨道交通工程项目原则上应当在可行性研究报告编制前，按照有关规定选择确定运营单位。运营单位应当满足以下条件：

（一）具有企业法人资格，经营范围包括城市轨道交通运营管理；

（二）具有健全的行车管理、客运管理、设施设备管理、人员管理等安全生产管理体系和服务质量保障制度；

（三）具有车辆、通信、信号、供电、机电、轨道、土建结构、运营管理等专业管理人员，以及与运营安全相适应的专业技术人员。

第九条 运营单位应当全程参与城市轨道交通工程项目按照规定开展的不载客试运行，熟悉工程设备和标准，察看系统运行的安全可靠性，发现存在质量问题和安全隐患的，应当督促城市轨道交通建设单位（以下简称建设单位）及时处理。

运营单位应当在运营接管协议中明确相关土建工程、设施设备、系统集成的保修范围、保修期限和保修责任，并督促建设单位将上述内容纳入建设工程质量保修书。

第十条 城市轨道交通工程项目验收合格后，由城市轨道交通运营主管部门组织初期运营前安全评估。通过初期运营前安全评估的，方可依法办理初期运营手续。

初期运营期间，运营单位应当按照设计标准和技术规范，对土建工程、设施设备、系统集成的运行状况和质量进行监控，发现存在问题或者安全隐患的，应当要求相关责任单位按照有关规定或者合同约定及时处理。

第十一条 城市轨道交通线路初期运营期满一年，运营单位应当向城市轨道交通运营主管部门报送初期运营报告，并由城市轨道交通运营主管部门组织正式运营前安全评估。通过安全评估的，方可依法办理正式运营手续。对安全评估中发现的问题，城市轨道交通运营主管部门应当报告城市人民政府，同时通告有关责任单位要求限期整改。

开通初期运营的城市轨道交通线路有甩项工程的，甩项工程完工并验收合格后，应当通过城市轨道交通运营主管部门组织的安全评估，方可投入使用。受客观条件限制难以完成甩项工程的，运营单位应当督促建设单位与设计单位履行设计变更手续。全部甩项工程投入使用或者履行设计变更手续后，城市轨道交通工程项目方可依法办理正式运营手续。

第十二条 运营单位承担运营安全生产主体责任，应当建立安全生产责任制，设置安全生产管理机构，配备专职安全管理人员，保障安全运营所必需的资金投入。

第十三条 运营单位应当配置满足运营需求的从业人员，按相关标准进行安全和技能培训教育，并对城市轨道交通列车驾驶员、行车调度员、行车值班员、信号工、通信工等重点岗位人员进行考核，考核不合格的，不得从事岗位工作。运营单位应当对重点岗位人员进行安全背景审查。

城市轨道交通列车驾驶员应当按照法律法规的规定取得驾驶员职业准入资格。

运营单位应当对列车驾驶员定期开展心理测试，对不符合要求的及时调整工作岗位。

第十四条 运营单位应当按照有关规定，完善风险分级管控和隐患排查治理双重预防制度，建立风险数据库和隐患排查手册，对于可能影响安全运营的风险隐患及时整改，并向城市轨道交通运营主管部门报告。

城市轨道交通运营主管部门应当建立运营重大隐患治理督办制度，督促运营单位采取安全防护措施，尽快消除重大隐患；对非运营单位原因不能及时消除的，应当报告城市人民政府依法处理。

第十五条 运营单位应当建立健全本单位的城市轨道交通运营设施设备定期检查、检测评估、养护维修、更新改造制度和技术管理体系，并报城市轨道交通运营主管部门备案。

运营单位应当对设施设备进行定期检查、检测评估，及时养护维修和更新改造，并保存记录。

第十六条 城市轨道交通运营主管部门和运营单位应当建立城市轨道交通智能管理系统，对所有运营过程、区域和关键设施设备进行监管，具备运行控制、关键设施和关键部位监测、风险管控和隐患排查、应急处置、安全监控等功能，并实现运营单位和各级交通运输主管部门之间的信息共享，提高运营安全管理水平。

运营单位应当建立网络安全管理制度，严格落实网络安全有关规定和等级保护要求，加强列车运行控制等关键系统信息安全保护，提升网络安全水平。

第十七条 城市轨道交通运营主管部门应当对运营单位运营安全管理工作进行监督检查，定期委托第三方机构组织专家开展运营期间安全评估工作。

初期运营前、正式运营前以及运营期间的安全评估工作管理办法由交通运输部另行制定。

第十八条 城市轨道交通运营主管部门和运营单位应当建立城市轨道交通运营信息统计分析制度，并按照有关规定及时报送相关信息。

第三章　运营服务

第十九条 运营单位应当按照有关标准为乘客提供安全、可靠、便捷、高效、经济的服务，保证服务质量。

运营单位应当向社会公布运营服务质量承诺并报城市轨道交通运营主管部门备案，定期报告履行情况。

第二十条 运营单位应当根据城市轨道交通沿线乘客出行规律及网络化运输组织要求，合理编制运行图，并报城市轨道交通运营主管部门备案。

运营单位调整运行图严重影响服务质量的，应当向城市轨道交通运营主管部门说明理由。

第二十一条 运营单位应当通过标识、广播、视频设备、网络等多种方式按照下列要求向乘客提供运营服务和安全应急等信息：

（一）在车站醒目位置公布首末班车时间、城市轨道交通线网示意图、进出站指示、换乘指示和票价信息；

（二）在站厅或者站台提供列车到达、间隔时间、方向提示、周边交通方式换乘、安全提示、无障碍出行等信息；

（三）在车厢提供城市轨道交通线网示意图、列车运行方向、到站、换乘、开关车门提示等信息；

（四）首末班车时间调整、车站出入口封闭、设施设备故障、限流、封站、甩站、暂停运营等非正常运营信息。

第二十二条 城市轨道交通票价制定和调整按照国家有关规定执行。

城市轨道交通运营主管部门应当按照有关标准组织实施交通一卡通在轨道交通的建设与推广应用，推动跨区域、跨交通方式的互联互通。

第二十三条 城市轨道交通运营主管部门应当制定城市轨道交通乘客乘车规范，乘客应当遵守。拒不遵守的，运营单位有权劝阻和制止，制止无效的，报告公安机关依法处理。

第二十四条 城市轨道交通运营主管部门应当通过乘客满意度调查等多种形式，定期对运营单位服务质量进行监督和考评，考评结果向社会公布。

第二十五条 城市轨道交通运营主管部门和运营单位应当分别建立投诉受理制度。接到乘客投诉后，应当及时处理，并将处理结果告知乘客。

第二十六条 乘客应当持有效乘车凭证乘车，不得使用无效、伪造、变造的乘车凭证。运营单位有权查验乘客的乘车凭证。

第二十七条 乘客及其他人员因违法违规行为对城市轨道交通运营造成严重影响的，应当依法追究责任。

第二十八条 鼓励运营单位采用大数据分析、移动互联网等先进技术及有关设施设备，提升服务品质。运营单位应当保证乘客个人信息的采集和使用符合国家网络和信息安全有关规定。

第四章　安全支持保障

第二十九条 城市轨道交通工程项目应当按照规定划定保护区。

开通初期运营前，建设单位应当向运营单位提供保护区平面图，并在具备条件的保护区设置提示或者警示标志。

第三十条 在城市轨道交通保护区内进行下列作业的，作业单位应当按照有关规定制定安全防护方案，经运营单位同意后，依法办理相关手续并对作业影响区域进行动态监测：

（一）新建、改建、扩建或者拆除建（构）筑物；

（二）挖掘、爆破、地基加固、打井、基坑施工、桩基础施工、钻探、灌浆、喷锚、地下顶进作业；

（三）敷设或者搭架管线、吊装等架空作业；

（四）取土、采石、采砂、疏浚河道；

（五）大面积增加或者减少建（构）筑物载荷的活动；

（六）电焊、气焊和使用明火等具有火灾危险作业。

第三十一条 运营单位有权进入作业现场进行巡查，发现危及或者可能危及城市轨道交通运营安全的情形，运营单位有权予以制止，并要求相关责任单位或者个人采取措施消除妨害；逾期未改正的，及时报告有关部门依法处理。

第三十二条 使用高架线路桥下空间不得危害城市轨道交通运营安全，并预留高架线路桥梁设施日常检查、检测和养护维修条件。

地面、高架线路沿线建（构）筑物或者植物不得妨碍行车瞭望，不得侵入城市轨道交通线路的限界。沿线建（构）筑物、植物可能妨碍行车瞭望或者侵入线路限界的，责任单位应当及时采取措施消除影响。责任单位不能消除影响，危及城市轨道交通运营安全、情况紧急的，运营单位可以先行处置，并及时报告有关部门依法处理。

第三十三条 禁止下列危害城市轨道交通运营设施设备安全的行为：

（一）损坏隧道、轨道、路基、高架、车站、通风亭、冷却塔、变电站、管线、护栏护网等设施；

（二）损坏车辆、机电、电缆、自动售检票等设备，干扰通信信号、视频监控设备等系统；

（三）擅自在高架桥梁及附属结构上钻孔打眼，搭设电线或者其他承力绳索，设置附着物；

（四）损坏、移动、遮盖安全标志、监测设施以及安全防护设备。

第三十四条 禁止下列危害或者可能危害城市轨道交通运营安全的行为：

（一）拦截列车；

（二）强行上下车；

（三）擅自进入隧道、轨道或者其他禁入区域；

（四）攀爬或者跨越围栏、护栏、护网、站台门等；

（五）擅自操作有警示标志的按钮和开关装置，在非紧急状态下动用紧急或者安全装置；

（六）在城市轨道交通车站出入口 5 米范围内停放车辆、乱设摊点等，妨碍乘客通行和救援疏散；

（七）在通风口、车站出入口 50 米范围内存放有毒、有害、易燃、易爆、放射性和腐蚀性等物品；

（八）在出入口、通风亭、变电站、冷却塔周边躺卧、留宿、堆放和晾晒物品；

（九）在地面或者高架线路两侧各 100 米范围内升放风筝、气球等低空漂浮物体和无人机等低空飞行器。

第三十五条 在城市轨道交通车站、车厢、隧道、站前广场等范围内设置广告、商业设施的，不得影响正常运营，不得影响导向、提示、警示、运营服务等标识识别、设施设备使用和检修，不得挤占出入口、通道、应急疏散设施空间和防火间距。

城市轨道交通车站站台、站厅层不应设置妨碍安全疏散的非运营设施。

第三十六条 禁止乘客携带有毒、有害、易燃、易爆、放射性、腐蚀性以及其他可能危及人身和财产安全的危险物品进站、乘车。运营单位应当按规定在车站醒目位置公示城市轨道交通禁止、限制携带物品目录。

第三十七条 各级城市轨道交通运营主管部门应当按照职责监督指导运营单位开展反恐防范、安检、治安防范和消防安全管理相关工作。

鼓励推广应用安检新技术、新产品，推动实行安检新模式，提高安检质量和效率。

第三十八条 交通运输部应当建立城市轨道交通重点岗位从业人员不良记录和乘客违法违规行为信息库，并按照规定将有关信用信息及时纳入交通运输和相关统一信用信息共享平台。

第三十九条 鼓励经常乘坐城市轨道交通的乘客担任志愿者，及时报告城市轨道交通运营安全问题和隐患，检举揭发危害城市轨道交通运营安全的违法违规行为。运营单位应当对志愿者开展培训。

第五章　应急处置

第四十条 城市轨道交通所在地城市及以上地方各级人民政府应当建立运营突发事件处置工作机制，明确相关部门和单位的职责分工、工作机制和处置要求，制定完善运营突发事件应急预案。

运营单位应当按照有关法规要求建立运营突发事件应急预案体系，制定综合应急预案、专项应急预案和现场处置方案。运营单位应当组织专家对专项应急预案进行评审。

因地震、洪涝、气象灾害等自然灾害和恐怖袭击、刑事案件等社会安全事件以及其他因素影响或者可能影响城市轨道交通正常运营时，参照运营突发事件应急预案做好监测预警、信息报告、应急响应、后期处置等相关应对工作。

第四十一条 运营单位应当储备必要的应急物资，配备专业应急救援装备，建立应急救援队伍，配齐应急人员，完善应急值守和报告制度，加强应急培训，提高应急救援能力。

第四十二条 城市轨道交通运营主管部门应当按照有关法规要求，在城市人民政府领导下会同有关部门定期组织开展联动应急演练。

运营单位应当定期组织运营突发事件应急演练，其中综合应急预案演练和专项应急预案演练每半年至少组织一次。现场处置方案演练应当纳入日常工作，开展常态化演练。运营单位应当组织社会公众参与应急演练，引导社会公众正确应对突发事件。

第四十三条 运营单位应当在城市轨道交通车站、车辆、地面和高架线路等区域的醒目位置设置安全警示标志，按照规定在车站、车辆配备灭火器、报警装置和必要的救生器材，并确保能够正常使用。

第四十四条 城市轨道交通运营突发事件发生后，运营单位应当按照有关规定及时启动相应应急预案。运营单位应当充分发挥志愿者在突发事件应急处置中的作用，提高乘客自救互救能力。

现场工作人员应当按照各自岗位职责要求开展现场处置，通过广播系统、乘客信息系统和人工指引等方式，引导乘客快速疏散。

第四十五条 运营单位应当加强城市轨道交通客流监测。可能发生大客流时，应当按照预案要求及时增加运力进行疏导；大客流可能影响运营安全时，运营单位可以采取限流、封站、甩站等措施。

因运营突发事件、自然灾害、社会安全事件以及其他原因危及运营安全时，运营单位可以暂停部分区段或者全线网的运营，根据需要及时启动相应应急保障预案，做好客流疏导和现场秩序维护，并报告城市轨道交通运营主管部门。

运营单位采取限流、甩站、封站、暂停运营措施应当及时告知公众，其中封站、暂停运营措施还应当向城市轨道交通运营主管部门报告。

第四十六条 城市轨道交通运营主管部门和运营单位应当建立城市轨道交通运营安全重大故障和事故报送制度。

城市轨道交通运营主管部门和运营单位应当定期组织对重大故障和事故原因进行分析，不断完善城市轨道交通运营安全管理制度以及安全防范和应急处置措施。

第四十七条 城市轨道交通运营主管部门和运营单位应当加强舆论引导，宣传文明出行、安全乘车理念和突发事件应对知识，培养公众安全防范意识，引导理性应对突发事件。

第六章 法律责任

第四十八条 违反本规定第十条、第十一条，城市轨道交通工程项目（含甩项工程）未经安全评估投入运营的，由城市轨道交通运营主管部门责令限期整改，并对运营单位处以2万元以上3万元以下的罚款，同时对其主要负责人处以1万元以下的罚款；有严重安全隐患的，城市轨道交通运营主管部门应当责令暂停运营。

第四十九条 违反本规定，运营单位有下列行为之一的，由城市轨道交通运营主管部门责令限期改正；逾期未改正的，处以5000元以上3万元以下的罚款，并可对其主要负责人处以1万元以下的罚款：

（一）未全程参与试运行；

（二）未按照相关标准对从业人员进行技能培训教育；

（三）列车驾驶员未按照法律法规的规定取得职业准入资格；

（四）列车驾驶员、行车调度员、行车值班员、信号工、通信工等重点岗位从业人员未经考核上岗；

（五）未按照有关规定完善风险分级管控和隐患排查治理双重预防制度；

（六）未建立风险数据库和隐患排查手册；

（七）未按要求报告运营安全风险隐患整改情况；

（八）未建立设施设备检查、检测评估、养护维修、更新改造制度和技术管理体系；

（九）未对设施设备定期检查、检测评估和及时养护维修、更新改造；

（十）未按照有关规定建立运营突发事件应急预案体系；

（十一）储备的应急物资不满足需要，未配备专业应急救援装备，或者未建立应急救援队伍、配齐应急人员；

（十二）未按时组织运营突发事件应急演练。

第五十条 违反本规定第十八条、第四十六条，运营单位未按照规定上报城市轨道交通运营相关信息或者运营安全重大故障和事故的，由城市轨道交通运营主管部门责令限期改正；逾期未改正的，处以 5 000 元以上 3 万元以下的罚款。

第五十一条 违反本规定，运营单位有下列行为之一，由城市轨道交通运营主管部门责令限期改正；逾期未改正的，处以 1 万元以下的罚款：

（一）未向社会公布运营服务质量承诺或者定期报告履行情况；

（二）运行图未报城市轨道交通运营主管部门备案或者调整运行图严重影响服务质量的，未向城市轨道交通运营主管部门说明理由；

（三）未按规定向乘客提供运营服务和安全应急等信息；

（四）未建立投诉受理制度，或者未及时处理乘客投诉并将处理结果告知乘客；

（五）采取的限流、甩站、封站、暂停运营等措施，未及时告知公众或者封站、暂停运营等措施未向城市轨道交通运营主管部门报告。

第五十二条 违反本规定第三十二条，有下列行为之一，由城市轨道交通运营主管部门责令相关责任人和单位限期改正、消除影响；逾期未改正的，可以对个人处以 5000 元以下的罚款，对单位处以 3 万元以下的罚款；造成损失的，依法承担赔偿责任；情节严重构成犯罪的，依法追究刑事责任：

（一）高架线路桥下的空间使用可能危害运营安全的；

（二）地面、高架线路沿线建（构）筑物或者植物妨碍行车瞭望、侵入限界的。

第五十三条 违反本规定第三十三条、第三十四条，运营单位有权予以制止，并由城市轨道交通运营主管部门责令改正，可以对个人处以 5 000 元以下的罚款，对单位处以 3 万元以下的罚款；违反治安管理规定的，由公安机关依法处理；构成犯罪的，依法追究刑事责任。

第五十四条 城市轨道交通运营主管部门不履行本规定职责造成严重后果的，或者有其他滥用职权、玩忽职守、徇私舞弊行为的，对负有责任的领导人员和直接责任人员依法给予处分；构成犯罪的，依法追究刑事责任。

第五十五条 地方性法规、地方政府规章对城市轨道交通运营违法行为需要承担的法律责任与本规定有不同规定的，从其规定。

第七章　附则

第五十六条 本规定自 2018 年 7 月 1 日起施行。

附录 2

国家处置城市地铁事故灾难应急预案

1 总 则

1.1 编制目的

做好城市地铁事故灾难的防范与处置工作，保证及时、有序、高效、妥善地处置城市地铁事故灾难，最大限度地减少人员伤亡和财产损失，维护社会稳定，支持和保障经济发展。

1.2 编制依据

依据《中华人民共和国安全生产法》《中华人民共和国消防法》《突发公共卫生事件应急条例》《国务院关于特大安全事故行政责任追究的规定》和《国家突发公共事件总体应急预案》，制定本预案。

1.3 适用范围

本预案适用于我国地铁（包括轻轨）发生的特别重大事故灾难，致使人民群众生命财产和地铁的正常运营受到严重威胁，具备下列条件之一的：

（1）造成 30 人以上死亡（含失踪），或危及 30 人以上生命安全，或者 100 人以上中毒（重伤），或者直接经济损失 1 亿元以上；

（2）需要紧急转移安置 10 万人以上；

（3）超出省级人民政府应急处置能力；

（4）跨省级行政区、跨领域（行业和部门）；

（5）国务院认为需要国务院或建设部响应。

1.4 工作原则

（1）以人为本、科学决策：

发挥政府公共服务职能，把保障人民群众的生命安全、最大限度地减少事故灾难造成的损失放在首位。运用先进技术，充分发挥专家作用，实行科学民主决策。

（2）统一指挥、分级负责：

在国务院的统一领导下，由建设部牵头负责，省（区、市）人民政府和国务院其他有关部门、军队、武警按照各自的职责分工和权限，负责有关地铁事故灾难的应急管理和特别重大、重大事故灾难的应急处置工作。

（3）属地为主、分工协作：

地铁事故灾难应急处置实行属地负责制，城市人民政府是处置事故灾难的主体，要承担处置的首要责任。国务院各有关部门、军队、武警、省（区、市）人民政府要主动配合、密切协作、整合资源、信息共享、形成合力，保证事故灾难信息的及时准确传递、快速有效处置。

（4）应急处置与日常建设相结合、有效应对：

国务院各有关部门、军队、武警和省（区、市）人民政府，尤其是地铁所在地城市人民政府，对事故灾难要有充分的思想准备，调动全社会力量，建立应对事故灾难的有效机制，做到常备不懈。应急机制建设和资源准备要坚持应急处置与日常建设相结合，降低运行成本。

2　组织机构与职责

2.1　国家应急机构

国务院或国务院授权建设部设立城市地铁事故灾难应急领导小组（以下简称“领导小组”）。领导小组下设办公室、联络组和专家组。

领导小组办公室设在建设部质量安全司，具体负责全国地铁事故灾难应急工作。领导小组联络组由各成员单位指派的人员组成。领导小组专家组由地铁、公安、消防、安全生产、卫生防疫、防化等方面的专家组成。

2.2　省级、市级地铁事故灾难应急机构

省级、市级地铁事故灾难应急机构应比照国家地铁事故灾难应急机构的组成、职责，结合本地实际情况确定。

2.3　城市地铁企业事故灾难应急机构

城市地铁企业应建立由企业主要负责人、分管安全生产的负责人、有关部门参加的地铁事故灾难应急机构。

3　预警预防机制

3.1　监测机构

城市人民政府建设行政主管部门负责城市地铁的运行监测、预警工作，建立城市地铁

监测体系和运行机制；对检测信息进行汇总分析；对城市地铁运行状况进行收集、汇总分析并做出报告，每半年向国家和省级地铁应急机构做出书面报告。

3.2 监测网络

由省级、市级建设行政主管部门、城市地铁企业组成监测网络，省级、市级建设行政主管部门设立城市地铁监察员对城市地铁进行检查监督。

3.3 监测内容

城市地铁的规章制度、强制性标准、设施设备及安全运营管理。

4 应急响应

4.1 分级响应

Ⅰ级响应行动（响应标准见1.3）由领导小组组织实施，当领导小组进入Ⅰ级响应行动时，事发地各级政府应当按照相应的预案全力以赴组织救援，并及时向领导小组报告救援工作进展情况。

Ⅱ级以下应急响应行动的组织实施，由省级人民政府决定。城市人民政府可根据事故灾难的严重程度启动相应的应急预案，超出本级应急处置能力时，及时报请上一级应急机构启动上一级应急预案实施救援。

4.1.1 领导小组的响应

建设部在接到特别重大事故灾难报告2小时内，决定是否启动Ⅰ级响应。

Ⅰ级响应时，领导小组启动并实施本预案。及时将事故灾难的基本情况、事态发展和救援进展情况报告国务院并抄报国家安全监管总局；开通与国务院有关部门、军队、武警等有关方面的通信联系；开通与事故灾难发生地的省级应急机构、事发地城市政府应急机构、现场应急机构、相关专业应急机构的通信联系，随时掌握事态进展情况；派出有关人员和专家赶赴现场，参加、指导应急工作；需要其他部门应急力量支援时，向国务院提出请求。

Ⅱ级以下响应时，及时开通与事故灾难发生地的省级应急机构、事发地城市政府应急机构的通信联系，随时掌握事态进展情况；根据有关部门和专家的建议，为地方应急指挥救援工作提供协调和技术支持；必要时，派出有关人员和专家赶赴现场，参加、指导应急工作。

4.1.2 国务院有关部门、军队、武警的响应

级响应时，国务院有关部门、军队、武警按照预案规定的职责参与应急工作，启动并实施本部门相关的应急预案。

4.2　不同事故灾难的应急响应措施

4.2.1　火灾应急响应措施

（1）城市地铁企业要制定完善的消防预案，针对不同车站、列车运行的不同状态以及消防重点部位制定具体的火灾应急响应预案；

（2）贯彻“救人第一，救人与灭火同步进行”的原则，积极施救；

（3）处置火灾事件应坚持快速反应的原则，做到反应快、报告快、处置快，把握起火初期的关键时间，把损失控制在最低程度；

（4）火灾发生后，工作人员应立即向“119”、“110”报告，同时组织做好乘客的疏散、救护工作，积极开展灭火自救工作；

（5）地铁企业事故灾难应急机构及市级地铁事故灾难应急机构，接到火灾报告后，应立即组织启动相应应急预案。

4.2.2　地震应急响应措施

（1）地震灾害紧急处理的原则：

a. 实行高度集中，统一指挥。各单位、各部门要听从事发地省、直辖市人民政府指挥，各司其职，各负其责；

b. 抓住主要矛盾，先救人、后救物，先抢救通信、供电等要害部位，后抢救一般设施。

（2）市级地铁事故灾难应急机构及地铁企业负责制定地震应急预案，做好应急物资的储备及管理工作。

（3）发布破坏性地震预报后，即进入临震应急状态。省级人民政府建设主管部门采取相应措施：

a. 根据震情发展和工程设施情况，发布避震通知，必要时停止运营和施工，组织避震疏散；

b. 对有关工程和设备采取紧急抗震加固等保护措施；

c. 检查抢险救灾的准备工作；

d. 及时准确通报地震信息，保护正常工作秩序。

（4）地震发生时，省级人民政府建设主管部门及时将灾情报有关部门，同时做好乘客疏散和地铁设备、设施保护工作。

（5）地铁企业事故灾难应急机构及市级地铁事故灾难应急机构，接到地震报告后，应立即组织启动相应应急预案。

4.2.3　地铁爆炸应急响应措施

（1）迅速反应，及时报告，密切配合，全力以赴疏散乘客、排除险情，尽快恢复运营；

（2）地铁企业应针对地铁列车、地铁车站、地铁主变电站、地铁控制中心，以及地铁车辆段等重点防范部位制定防爆措施；

（3）地铁内发现的爆炸物品、可疑物品应由专业人员进行排除，任何非专业人员不得随意触动；

（4）地铁爆炸案件一旦发生，市级建设主管部门应立即报告当地公安部门、消防部门、卫生部门，组织开展调查处理和应急工作；

（5）地铁企业事故灾难应急机构及市级地铁事故灾难应急机构，接到爆炸报告后，应立即组织启动相应应急预案。

4.2.4 地铁大面积停电应急响应措施

（1）地铁企业应贯彻预防为主、防救结合的原则，重点做好日常安全供电保障工作，准备备用电源，防止停电事件的发生；

（2）停电事件发生后，地铁企业要做好信息发布工作，做好乘客紧急疏散、安抚工作，协助做好地铁的治安防护工作；

（3）供电部门在事故灾难发生后，应根据事故灾难性质、特点，立即实施事故灾难抢修、抢险有关预案，尽快恢复供电；

（4）地铁企业事故灾难应急机构及市级地铁事故灾难应急机构，接到停电报告后，应立即组织启动相应应急预案。

4.3 应急情况报告

应急情况报告的基本原则是：快捷、准确、直报、续报。

4.3.1 快 捷

最先接到事故灾难信息的单位应在第一时间报告，最迟不能超过1小时。

4.3.2 准 确

报告内容要真实，不得瞒报、虚报、漏报。

4.3.3 直 报

发生特别重大事故灾难，要直报领导小组办公室，同时报省、市地铁事故灾难应急机构。紧急情况下，可越级上报国务院，并及时通报有关部门。

4.3.4 续 报

在事故灾难发生一段时间内，要连续上报事故灾难应急处置的进展情况及有关内容。

4.3.5 报告内容

特别重大事故灾难快报及续报应当包括以下内容：

（1）事件单位的名称、负责人、联系电话及地址；

（2）事件发生的时间、地点；

（3）事件造成的危害程度、影响范围、伤亡人数、直接经济损失；

（4）事件的简要经过；

（5）其他需上报的有关事项。

4.4 报告程序

4.4.1 地铁事故灾难发生后，现场人员必须立即报警，并报告地铁企业应急机构。有关部门接到报告后，应迅速确认事故灾难性质和等级，立即启动相应的预案，并向上级地铁应急机构报告。

4.4.2 特别重大事故灾难发生单位、属地政府及其相关行政主管部门，接报后必须做到：

（1）迅速采取有效措施，组织抢救，防止事故灾难扩大；

（2）严格保护事故灾难现场；

（3）迅速派人赶赴事故灾难现场，负责维护现场秩序和证据收集工作；

（4）服从地方政府统一部署和指挥，了解掌握事故灾难情况，协调组织事件抢险救灾和调查处理等事宜，并及时报告事态趋势及状况。

4.4.3　因抢救人员、防止事故灾难扩大、恢复生产以及疏通交通等原因，需要移动现场物件的，应当做好标志，采取拍照、摄像、绘图等方法详细记录事故灾难现场的原貌，妥善保存现场重要痕迹、物证。

4.4.4　发生特别重大事故灾难的单位及城市地铁事故灾难应急机构应在事故灾难发生后 4 小时内写出事故灾难快报，分别报送国家、省地铁事故灾难应急机构。

4.5　情况接报

4.5.1　领导小组办公室获悉发生城市地铁事故灾难后，迅速通知领导小组，并根据事故灾难的性质和严重程度提出启动预案的建议。

4.5.2　领导小组接到报告后，应将有关情况上报国务院，同时通报国务院有关部门。

4.6　紧急处置

紧急处置应按照属地为主的原则，依靠本行政区域的力量。事故灾难发生后，地铁企业和当地人民政府应立即启动应急预案，并按照应急预案迅速采取措施，使事故灾难损失降到最低。

根据事态发展情况，出现急剧恶化的特殊险情时，现场应急指挥机构在充分考虑专家和有关方面意见的基础上，及时制定应急处置方案，依法采取紧急处置措施。

4.7　医疗卫生救助

各级卫生行政部门要根据《国家突发公共事件医疗卫生救援应急预案》，组织做好应急准备，在应急响应时，组织、协调开展应急医疗卫生救援工作，保护人民群众的健康和生命安全。

4.8　应急人员的安全防护

现场处置人员应根据需要佩带相应的专业防护装备，采取安全防护措施，严格执行应急人员进入和离开事故灾难现场的相关规定。

现场应急机构根据需要具体协调、调集相应的安全防护装备。城市人民政府应事先为城市地铁企业配备相应的专业防护装备。

4.9　群众的安全防护

现场应急机构负责组织群众的安全防护工作，主要工作内容如下：

（1）根据事故灾难的特点，确定保护群众安全需要采取的防护措施；

（2）决定紧急状态下群众疏散、转移和安置的方式、范围、路线和程序，指定有关部门具体负责实施疏散、转移和安置；

（3）启用应急避难场所；

（4）维护事发现场的治安秩序。

4.10 社会力量的动员与参与

现场应急机构组织调动本行政区域社会力量参与应急工作。超出事发地省级人民政府的处置能力时，省级人民政府向国务院申请本行政区域外的社会力量支援。

4.11 现场检测与评估

根据需要，现场应急机构成立事故灾难现场检测与评估小组，负责检测、分析和评估工作，查找事故灾难的原因和评估事态的发展趋势，预测事故灾难的后果，为现场应急决策提供参考。检测与评估报告要及时上报领导小组办公室。

4.12 信息发布

城市地铁事故灾难应急信息的公开发布由各级城市地铁事故灾难应急机构决定。对城市地铁事故灾难和应急响应的信息实行统一、快速、有序、规范管理。

信息发布应明确事件的地点、事件的性质、人员伤亡和财产损失情况、救援进展情况、事件区域交通管制情况以及临时交通措施等。

4.13 应急结束

Ⅰ级响应行动由领导小组决定终止。

Ⅱ级以下响应行动的终止由省级人民政府决定。

5 后期处置

5.1 善后处置

事发地的城市人民政府负责组织地铁事故灾难的善后处置工作，包括治安管理、人员安置、补偿、征用物资补偿、救援物资供应和及时补充、恢复生产等事项。尽快消除事故灾难影响，妥善安置和慰问受害及受影响人员，保证社会稳定，尽快恢复地铁正常运营秩序。

5.2 保险理赔

地铁事故灾难发生后，保险机构及时开展应急人员保险受理和受灾人员保险理赔工作。

5.3　调查报告

属于Ⅰ级响应行动的地铁事故灾难由领导小组牵头组成调查组进行调查；必要时，国务院可以直接组成调查组。属于Ⅱ级以下响应行动的地铁事故灾难调查工作由省级人民政府规定；必要时，领导小组可以牵头组成调查组。

应急状态解除后，现场地铁事故灾难应急机构应整理和审查所有的应急记录和文件等资料；总结和评价导致应急状态的事故灾难原因和在应急期间采取的主要行动；必要时，修订城市地铁应急预案，并及时做出书面报告。

（1）应急状态终止后的两个月内，现场地铁事故灾难应急机构应向领导小组提交书面总结报告。

（2）总结报告应包括以下内容：发生事故灾难的地铁基本情况，事故灾难原因、发展过程及造成的后果（包括人员伤亡、经济损失）分析、评价，采取的主要应急响应措施及其有效性，主要经验教训和事故灾难责任人及其处理结果等。

6　保障措施

6.1　通信与信息保障

领导小组应指定专门场所并建设相应的设施满足进行决策、指挥和对外应急联络的需要。

逐步建立并完善全国地铁安全信息库、救援力量和资源信息库，规范信息获取、分析、发布、报送格式和程序，保证国务院及国务院有关部门、省级、市级应急机构之间的信息资源共享。

保证应急响应期间领导小组同国务院，省级、市级和地铁企业事故灾难应急机构、应急支援单位通信联络的需要；明确联系人、联系方式。

能够接受、显示和传达地铁事故灾难信息，为应急决策和专家咨询提供依据；能够接受、传递省级、市级地铁应急机构应急响应的有关信息；能够为地铁事故灾难应急指挥、与有关部门的信息传输提供条件；对省级、市级和地铁企业事故灾难应急机构预案及地铁企业基本情况进行备案。

6.2　应急支援与装备保障

6.2.1　救援装备保障

有地铁运营的城市人民政府负责地铁应急装备的保障。领导小组负责指导、监督地铁应急装备保障工作。

6.2.2　应急队伍保障

领导小组和国务院有关部门、军队、武警根据本预案规定的职责分工，做好应急支援力量准备。地方人民政府建立并完善以消防部队为骨干的应急队伍。

6.2.3 交通运输保障

发生事故灾难后，事发地人民政府有关部门负责对事发现场和相关区域进行交通管制，根据需要开设应急特别通道，确保救灾物资、器材和人员运送及时到位，满足应急处置需要。

6.2.4 医疗卫生保障

各级卫生行政部门，要按照《国家突发公共事件医疗卫生救援应急预案》落实医疗卫生应急的各项保障措施。

6.2.5 治安秩序保障

应急响应时，事发地公安机关负责事故灾难现场的治安秩序保障工作。

6.2.6 物资保障

省级人民政府和城市人民政府及其有关部门，应建立应急设备、救治药物和医疗器械等储备制度。

领导小组根据实际情况，负责监督应急物资的储备情况。

国家发展改革委、商务部协调有关省级人民政府跨地区的物资调用。

6.2.7 资金保障

城市人民政府应当做好事故灾难应急资金准备。领导小组应急处置资金按照《财政应急保障预案》的规定解决。

6.2.8 社会动员保障

事发地人民政府根据需要动员和组织社会力量参与地铁事故灾难的应急。领导小组协调事发地以外的社会力量参与救援。

6.2.9 紧急避难场所保障

城市人民政府负责规划与建设能够基本满足事故灾难发生时人员避难需要的场所。

6.2.10 应急保障的衔接

省级、市级的应急保障按国家有关法律、法规、标准的规定及各自批准的应急预案进行。应急保障应为各自所需的应急响应能力提供保证，并保证各级响应的相互衔接与协调。

6.3 技术储备与保障

领导小组专家组对应急提供技术支持和保障。省级人民政府应比照领导小组专家组的设置，建立相应的机构，对应急提供技术支持和保障。

国务院有关部门和省级、市级人民政府要组织地铁安全保障技术的研究，开发应急技术和装备。

6.4 宣传、培训和演习

6.4.1 公众信息交流

公众信息交流工作由城市人民政府和地铁企业负责，主要内容是城市地铁安全运营及应急的基本常识和救助知识等。城市人民政府组织制订宣传内容、方式等，并组织地铁企业实施。

6.4.2 培 训

对所有参与城市地铁事故灾难应急准备与响应的人员进行培训。

6.4.3 演 习

省级人民政府地铁事故灾难应急机构应每年组织一次应急演习。城市（含直辖市）人民政府应每半年组织一次应急演习。

6.5 监督检查

领导小组对地铁事故灾难应急预案实施的全过程进行监督。

7 附 则

7.1 名词解释

7.1.1 地 铁

本预案所称地铁是指承担城市公共客运的城市轨道交通系统，包括地上形式和地下形式。

7.1.2 特别重大、重大事故灾难

本预案所称的特别重大、重大事故灾难是指需要启动本预案中规定的Ⅲ级以上应急响应的灾难事故。

特别重大、重大事故灾难类型主要包括：

（1）地铁遭受火灾、爆炸等事故灾难；

（2）地铁发生大面积停电；

（3）地铁发生一条线路全线停运或两条以上线路同时停运；

（4）地铁车站内发生聚众闹事等突发事件；

（5）地铁遭受台风、水灾、地震等自然灾害的侵袭。

7.1.3 本预案有关数量的表述中，“以上”含本数，“以下”不含本数。

7.2 预案管理与更新

建设部根据国家应急管理的有关法律、法规和应急资源的变化情况，以及预案实施过程中发现的问题或出现的新情况，及时修订完善本预案。

7.3 奖励与责任追究

7.3.1 奖 励

在地铁事故灾难应急工作中有下列表现之一的单位和个人，应根据有关规定予以奖励：

（1）出色完成应急任务，成绩显著的；

（2）防止或挽救事故灾难有功，使人民群众的生命和国家、集体财产免受损失或减少损失的；

（3）对应急准备或响应提出重大建议，实施效果显著的；

（4）有其他特殊贡献的。

7.3.2 责任追究

在地铁事故灾难应急工作中有下列行为之一的，按照法律、法规及有关规定，对有关责任人视情节和危害后果，由其所在单位或上级机关给予行政处分；其中，对国家公务人员和国家机关任命的其他人员，分别由任免机关或监察机关给予行政处分；属于违反治安管理行为的，由公安机关依法予以治安处罚；构成犯罪的，由司法机关依法追究刑事责任：

（1）不按照规定制定事故灾难应急预案，拒绝履行应急准备义务的；

（2）不按照规定报告、通报事故灾难真实情况的；

（3）拒不执行地铁事故灾难应急预案，不服从命令和指挥，或者在应急响应时临阵脱逃的；

（4）盗窃、挪用、贪污应急工作资金或物资的；

（5）阻碍应急工作人员依法执行任务或者进行破坏活动的；

（6）散布谣言，扰乱社会秩序的；

（7）有其他危害应急工作行为的。

7.4 国际交流与合作

领导小组要积极建立与国际地铁应急机构的联系，开展国际的交流与合作活动。

7.5 预案实施时间

本预案自印发之日起实施。

参考文献

[1] 刘景良. 安全管理[M]. 第二版. 北京：化学工业出版社，2012.

[2] 毛保华，李夏苗. 城市轨道交通系统运营管理[M]. 第二版. 北京：人民交通出版社，2017.

[3] 劳动和社会保障部、广州地铁总公司组织编写. 城市轨道交通运营安全[M]. 北京：中国劳动社会保障出版社，2008.

[4] 刘帅. 城市轨道交通安全管理对策[J]. 中国战略新兴产业，2017（11）.

[5] 夏星求.城市轨道交通安全管理模式及应急管理研究[J]. 商品与质量，2016（48）.

[6] 中华人民共和国交通运输部令 2018 年第 8 号. 城市轨道交通运营管理规定 2018.